CONVERSANDO

Practice in everyday Spanish conversation

Juan Kattán-Ibarra

National Textbook Company
a division of NTC/CONTEMPORARY PUBLISHING GROUP
Lincolnwood, Illinois USA

acknowledgments

ILLUSTRATION
Scott A. Mossman, 29.

PHOTOGRAPHY
Cover, Youth for Understanding International Exchange; Children's Memorial Hospital Medical Center, 158; Clark County School Nurses, Las Vegas, Nevada, in collaboration with the National Association of School Nurses, Inc. Photo By Armstrong, 166; Tim Collins, 65; Fran Johnson, Courtesy of National Association of Educational Office Personnel, 133; Juan Kattán-Ibarra, 2, 4, 5, 7, 11, 13, 16, 26, 30, 35, 38, 40, 46, 58, 61, 62, 68, 74, 81, 93, 96, 124, 132, 149, 151, 161, 170; Juan Luzzi, 48, 84, 101, 111, 117, 120, 122, 128, 153; Marketing News, 130; Scott A. Mossman, 18, 19, 21, 25, 28, 32, 34, 53, 69, 73, 115, 142, 144, 147, 150, 173; Texas Department of Transportation, 57; Marina Vine, 157; Youth for Understanding International Exchange, 108; Youth for Understanding International Exchange (Photo by Claus Mever), 89.

ISBN: 0-8442-7150-0

Published by National Textbook Company,
a division of NTC/Contemporary Publishing Group, Inc.,
4255 West Touhy Avenue,
Lincolnwood (Chicago), Illinois 60646-1975 U.S.A.
9 0 WKT 9 8 7 6 5 4

CONTENIDO

PREFACE

This book, along with the accompanying cassette, is a communicative course designed to develop speaking skills at the intermediate and early advanced levels. This book may be used in a variety of language-learning settings as 1) the principal text in a Spanish conversation class, 2) a text to provide valuable reinforcement of oral skills in a more general Spanish class, or 3) a self-study text for individuals who wish to improve their conversational skills or review their Spanish.

Each of the fifteen units focuses on specific language functions of everyday life, for example, shopping, ordering food in a restaurant, making travel arrangements, applying for a job. In addition to developing language proficiency, these units also provide significant cultural information about daily life in Spain and in the Spanish-speaking countries of Latin America. Students will learn, for example, about some of the differences between Spanish young people and their counterparts in other European countries and in the United States or about the eating habits of people in Spain, which they will be able to compare with those of people in their own country. Units are self-contained and can be studied in any order, depending on the interests of students or (when used in conjunction with a general course book) according to the sequence of topics treated in the principal text.

Each of the fifteen units presents three or more dialogues illustrating the language that Spanish-speaking people use to express themselves in a variety of situations. In addition to reading these dialogues, students may also listen to them on the cassette tape that accompanies the text. The cassette, recorded by native speakers with realistic sound effects, allows students to experience, assimilate, and reproduce the rhythms and intonations of Spanish speakers.

Each dialogue is followed by notes (*Notas*), which explain difficult words and expressions and call students' attention to important grammatical points or explain differences between the Spanish spoken in

Spain and that of the Spanish-speaking countries of Latin America. Words not listed under *Notas* may be found in the Spanish-English Vocabulary at the end of the book.

The dialogues and notes are followed by the section *Y ahora tú*, containing three or more exercises, each providing the outline or framework of a conversation. Here, students will be able to make use of the language they studied in the introductory dialogues. Key words and phrases are given in the section *Frases y palabras útiles*, so that students may incorporate these into the conversations if they wish to. Most of the exercises in this section are designed for working in pairs; some also call for group work.

Certain units feature reading passages from Spanish-language pub-lications that can serve as a basis for freer, less structured conversation. Students will be encouraged to give their own opinions about matters such as eating habits, staying in shape, leisure activities, family rela-tionships, and financial success. The less frequently used words in these passages, as well as certain terms appearing in *Frases y palabras útiles*, will be found in the Spanish-English Vocabulary at the end of the book.

The accompanying Teacher's Manual for use with this program in classroom settings contains general information about the book and cassette, as well as numerous suggestions for role-playing, debates, reports, and discussions that will encourage frequent Spanish-lan-guage interaction among students and make the acquisition of oral-language skills an active, stimulating experience.

CONVERSANDO

DE COMPRAS

1 En la sección de ropa de caballeros de unos grandes almacenes

DEPENDIENTE	Buenos días. ¿Qué desea usted?
CLIENTE	¿Cuánto valen estas camisas? No veo el precio.
DEPENDIENTE	Ésas cuestan cinco mil doscientas pesetas.
CLIENTE	¿Son de algodón?
DEPENDIENTE	Sí, señor, son de algodón. Son de muy buena calidad.
CLIENTE	Quiero una de la talla dieciséis.
DEPENDIENTE	¿De qué color?
CLIENTE	La prefiero en blanco.
DEPENDIENTE	Un momentito, por favor … Lo siento, pero en blanco de la talla dieciséis no nos queda ninguna.
CLIENTE	¡Qué lástima! ¿Qué otros colores tiene?
DEPENDIENTE	Tenemos en azul, en gris o en verde.
CLIENTE	Deme una gris.
DEPENDIENTE	Aquí tiene usted. ¿Desea algo más?
CLIENTE	Sí, también quiero una corbata que combine con la camisa. ¿Tiene de seda?
DEPENDIENTE	Sí, nos acaban de llegar unas de seda italiana. Pase por aquí, por favor. Mire usted, aquí tiene para elegir.

CLIENTE Pues, preferiría algo más tradicional. Éstas son demasiado modernas.

DEPENDIENTE En ese caso, quizá le convenga llevar una de éstas. También son de seda. Mire usted, aquí tiene en rojo y en azul.

CLIENTE La azul me gusta más. ¿Qué precio tiene?

DEPENDIENTE Ésta le sale por tres mil quinientas cincuenta pesetas.

CLIENTE Sí, deme una.

DEPENDIENTE ¿Desea alguna cosa más?

CLIENTE Eso es todo, gracias.

DEPENDIENTE Entonces, tenemos una camisa por cinco mil doscientas pesetas y una corbata por tres mil quinientas cincuenta. Son ocho mil setecientas cincuenta. Pase por caja, por favor.

NOTAS

No nos queda ninguna.	We don't have any left.
Quiero una corbata que combine ...	I want a tie that matches ...
Nos acaban de llegar ...	We've just received ...
En ese caso quizá le convenga ...	In that case perhaps it'll be better (more convenient) for you ...
quizá *also* quizás	perhaps
Ésta le sale por 3.500 pesetas.	This costs (will cost you) 3,500 pesetas.

2 · En la sección de perfumería

DEPENDIENTA   Buenos días, señora. ¿Qué desea?

CLIENTA   Quisiera comprar un perfume. Es para regalo. Quiero algo de calidad, pero que no sea demasiado caro. ¿Qué me recomienda?

DEPENDIENTA	Este perfume francés lo tenemos en oferta. ¿Quiere probarlo?
CLIENTA	Sí, por favor. Mmmm. Es muy agradable. ¿Cuánto cuesta?
DEPENDIENTA	El frasco pequeño vale seis mil pesetas y el grande nueve mil.
CLIENTA	Es más de lo que pensaba gastar. ¿No tiene algo más barato?
DEPENDIENTA	Tenemos éstos de la línea D'Angelis. Pruébelo usted. Es un perfume con distinción y personalidad.
CLIENTA	¿Cuánto vale el frasco mediano?
DEPENDIENTA	El mediano le cuesta cuatro mil ochocientas pesetas.
CLIENTA	Sí, llevaré uno. ¿Puede envolvérmelo en papel de regalo, por favor?
DEPENDIENTA	Sí, por supuesto.

NOTAS

en oferta	on special sale
¿Puede envolvérmelo ...?	Can you wrap it up for me ...?
Sí, por supuesto.	Yes, of course.

3 En la sección de comestibles

DEPENDIENTE	¿Dígame?
CLIENTE	Me da un kilo de tomates, por favor.
DEPENDIENTE	¿Los quiere bien maduros?
CLIENTE	No muy maduros, son para ensalada.
DEPENDIENTE	Un kilo de tomates. ¿Algo más?

CLIENTE	Sí, deme medio kilo de zanahorias y una lechuga.
DEPENDIENTE	(*Pasando las zanahorias y la lechuga al cliente*) ¿Alguna cosa más?
CLIENTE	¿A cómo están los espárragos?
DEPENDIENTE	A ochocientas pesetas el kilo.
CLIENTE	Están un poco caros. Deme un cuarto de kilo solamente. Ah, y me da también una botella de aceite de oliva y un paquete de mantequilla.
DEPENDIENTE	El aceite … ¿le doy una botella de medio litro o de un litro?
CLIENTE	Deme una de medio litro.
DEPENDIENTE	¿Desea algo más?
CLIENTE	Nada más, gracias.

NOTAS

■

¿Dígame?	Can I help you? (*literally*, tell me?)
Me da ...	Will you give me ... (Notice here the use of the third person singular of the present tense. Alternatively, you may use the imperative form *deme* ... "give me" ... Both are equally frequent.)
¿A cómo están los espárragos?	How much is the asparagus? (Notice the use of *estar* in this construction. *Estar* is often used to inquire about the price of things whose value may fluctuate.)

4 En la sección de artículos de oficina

CLIENTE Buenos días. Quisiera comprar una máquina de escribir electrónica. ¿Puede decirme qué precio tiene la Espléndida que tiene en el escaparate?

DEPENDIENTE Cuesta sesenta mil pesetas. Es un modelo nuevo y es la última que nos queda. ¿Quiere verla?

CLIENTE Sí, por favor.

DEPENDIENTE Es una máquina muy buena y es bastante liviana. Yo he comprado una y estoy encantado con ella. Si gusta puede probarla.

CLIENTE (*El cliente prueba la máquina.*) Sí, es justo lo que buscaba. ¿No hay ningún descuento?

DEPENDIENTE Bueno, si el pago es en efectivo, podemos hacerle un cinco por ciento de descuento. Le saldría por cincuenta y siete mil pesetas.

CLIENTE   Tendré que pensarlo. Si decido comprarla volveré esta tarde.

DEPENDIENTE   Como usted quiera. Pero no se olvide de que ésta es la última que nos queda.

CLIENTE   Hasta luego, gracias.

DEPENDIENTE   De nada, adiós.

NOTAS

¿Qué precio tiene?	What's the price? (Alternatively, you may use *¿Cuánto vale?*, *¿Cuánto cuesta?*)
Si gusta ...	If you like ...
Como usted quiera.	As you like (wish). (Notice the use of the present subjunctive (*quiera*) in the second sentence.)
en efectivo	in cash
Tendré que pensarlo.	I'll have to think it over.

y ahora tú

1. Estás de visita en un país de habla española. Alguien te ha invitado a una fiesta y decides ir a una tienda a comprarte ropa. Indícale al dependiente el tipo de prenda que buscas. El dependiente te preguntará qué modelo buscas, la clase de tela, la talla y el color. Después de mucho buscar encuentras la prenda apropiada y a un precio bastante razonable.

2. La fiesta a la que te han invitado es un cumpleaños y decides llevarle un regalo a tu amigo/a. Vas a unos grandes almacenes y le pides a la dependienta que te muestre algo que te guste, de calidad y a un precio razonable. La dependienta te sugerirá varias cosas. Finalmente decides comprar una de ellas. No te olvides de pedir que te la envuelvan en papel de regalo.

PALABRAS ÚTILES

una pluma estilográfica, una cartera,
una agenda, un bolso, un disco, una casete,
un perfume, una colonia, una corbata,
un pañuelo

AHORRE...
TIEMPO Y DINERO
COMPRANDO
AHORA

3. Es tu última semana de vacaciones y decides invitar a tus amigos a cenar a tu casa. En la tienda de tu barrio compras los comestibles que necesitas.

PALABRAS ÚTILES

Para la ensalada/los entremeses: la lechuga, el tomate, el apio, el aguacate, los champiñones, las patatas/papas, la cebolla, el ajo, las espinacas, la coliflor

Para el plato principal: la carne (de cerdo/ternera/vacuna), el pollo, el pescado

Para el postre: la fruta (las naranjas, los plátanos, las manzanas, el melón, las ciruelas, los melocotones [*Spain*], los duraznos [*Latin America*], los albaricoques [*Spain*], los damascos [*Latin America*], los helados, el flan

4. Como consumidores, necesitamos protegernos de los abusos e irregularidades que se puedan producir cuando adquirimos un producto. En muchos países existen organismos de defensa del consumidor a los que podemos recurrir cuando no estamos satisfechos con lo que hemos adquirido o nos sentimos engañados. Lee el siguiente artículo que trata de las asociaciones de consumidores en España.

Asociaciones de consumidores: La mejor defensa

Hace apenas diez años, el consumidor español estaba totalmente desprotegido. Ahora, con una legislación adecuada, puede defender sus derechos como usuario de bienes de consumo.

Cuando en 1984, se creó la Ley para la defensa del consumidor, considerada como una de las más progresistas de Europa, se consolidó definitivamente la posibilidad de hacer denuncias por las irregularidades en materia de consumo. La Administración creó las OMIC (Oficinas Municipales de Información al Consumidor) y las asociaciones privadas también adquirieron mayor auge.

Almudena Álvarez, responsable del Departamento de atención al asociado de la Unión de Consumidores de España (UCE) comenta acerca de las actividades de este servicio:

«Contamos con departamentos especializados en los diferentes temas que atañen al consumo: sanidad, alimentación, vivienda, educación, energía, transporte, banca, etc. Se trata de vigilar que se cumpla la normativa vigente. Se elaboran estadísticas, se analizan marcas y servicios (tanto públicos como privados), y se divulgan pautas de actuación correctas para evitar a los consumidores ser víctimas de posibles fraudes ...»
(*Mía, Nº 196*)

Comenta el texto con tus compañeros.

PREGUNTAS

1. ¿Crees que es necesario este tipo de organismo? ¿Por qué?

2. ¿Recuerdas alguna situación específica en que te hayas sentido insatisfecho o engañado con un producto que hayas adquirido? ¿Hiciste una reclamación? ¿A quién se la hiciste? ¿Qué resultados obtuviste con tu reclamación?

3. ¿Existen organismos de defensa del consumidor en tu país/ciudad/comunidad? ¿Qué sabes sobre ellos? Si no tienes conocimiento sobre ellos, investiga en tu comunidad sobre su existencia y funcionamiento y comenta lo que que hayas averiguado con los otros estudiantes de la clase.

PALABRAS Y FRASES ÚTILES
el consumidor
consumir
defender/proteger al consumidor
ser engañado
ser víctima de un fraude
reclamar/hacer una reclamación

2

SERVICIOS Y REPARACIONES

1 En una tintorería

EMPLEADA	Buenos días. ¿Qué desea?
CLIENTE	¿Pueden lavarme estas camisas para mañana? Las necesito con urgencia porque me voy de viaje.
EMPLEADA	Sí, podemos tenérselas para mañana al mediodía, pero por servicio de urgencia hay un recargo del 20 por ciento.
CLIENTE	Sí, está bien. Y traigo estos pantalones para lavado al seco. También los necesito para mañana.
EMPLEADA	Sí, no hay problema.
CLIENTE	¿Hacen ustedes arreglos de ropa?
EMPLEADA	¿Qué tipo de arreglos?
CLIENTE	Bueno, quisiera que le cambiaran la cremallera a estos pantalones, si es posible.
EMPLEADA	Le ponemos una igual a la que tiene, ¿verdad?
CLIENTE	Sí, por favor.
EMPLEADA	De acuerdo. ¿Su nombre?
CLIENTE	Carlos Rodríguez.

EMPLEADA   ¿Y su dirección?

CLIENTE   Calle Libertador, 35, departamento A.

EMPLEADA   ¿Tiene teléfono?

CLIENTE   Sí, es el 236 4751.

EMPLEADA   Aquí tiene su recibo, señor. Puede recoger su ropa mañana después de las 12.00.

NOTAS

hay un recargo ...	there's a surcharge ...
el lavado al seco	dry cleaning
el departamento	apartment (used in some Latin American countries, e.g., Chile, Argentina, Peru, Mexico; in Spain, the word used is *piso* or *apartamento*)

2 En una relojería

SARAH Buenas tardes. ¿Podrían repararme este reloj?

RELOJERO ¿Qué es lo que le pasa?

SARAH Bueno, hace un par de días se me cayó y desde entonces no funciona bien. Se retrasa. ¿Cuánto me costará el arreglo?

RELOJERO No podría decírselo con seguridad. Depende de lo que tenga. Si no le importa esperar un momento, lo revisaré para ver. (*El relojero abre el reloj y lo revisa.*) Mire, hay que cambiar esta pieza que está rota. Debe haberse quebrado con el golpe. También es necesario limpiarlo. Está muy sucio y eso también afecta al mecanismo. Por veinte mil pesos se lo dejaré como nuevo.

SARAH ¿Y hay una garantía?

RELOJERO Bueno, si no funciona bien, puede traérmelo otra vez, pero estoy seguro de que no tendrá ningún problema.

SARAH	¿Y para cuándo me lo puede tener? Lo necesito pronto.
RELOJERO	No podría entregárselo hasta el viernes por la tarde. Mi ayudante está de vacaciones y tengo mucho trabajo.
SARAH	Pero con seguridad estará el viernes, ¿verdad?
RELOJERO	Sí, no se preocupe usted, el viernes sin falta estará listo. Venga usted a eso de las 5.00 o 6.00 de la tarde. Me da su nombre y dirección, por favor.
SARAH	Sarah Thomas.
RELOJERO	¿Cómo se escribe Thomas?
SARAH	T-h-o-m-a-s. Thomas.
RELOJERO	¿Y la dirección?
SARAH	Avenida Colón 351.
RELOJERO	Bueno, con este recibo puede recogerlo.
SARAH	Gracias.
RELOJERO	A usted, señorita.

NOTAS

¿Qué es lo que le pasa?	What's wrong with it?
Se me cayó.	It fell (I dropped it).
Se retrasa.	It loses time.
Debe haberse quebrado ...	It must have broken ...
con seguridad	with certainty
el viernes sin falta	on Friday without fail

3 En un garaje

MECÁNICO   Buenos días, señor. ¿En qué puedo servirle?

TONY   Buenos días. Quisiera que me repararan este neumático. He tenido un pinchazo.

MECÁNICO   ¿Para cuándo lo quiere?

TONY   Para el mediodía, si es posible. Voy de regreso a California y quiero continuar el viaje esta misma tarde.

MECÁNICO   Vuelva a las 12.30. A esa hora se lo puedo tener listo.

TONY   Ah, ¿y puede echarle un vistazo a los frenos también? Y también el aceite.

MECÁNICO   Sí, no se preocupe usted. Le haremos una revisión y se lo entregaremos en perfectas condiciones.

NOTAS

He tenido un pinchazo.   I've had a flat tire.

¿Y puede echarle un vistazo   And can you have a look at the
a los frenos?   brakes?

y ahora tú

1. Tu máquina fotográfica se ha estropeado durante tus vacaciones.
Vas a una tienda de artículos fotográficos y le pides al empleado que
te la repare. La necesitas con urgencia, pues debes continuar el
viaje al día siguiente. Además, tienes dos rollos para revelar y necesitas comprar dos rollos más. Explícale al empleado lo que quieres.

PALABRAS Y FRASES ÚTILES

la máquina fotográfica/la cámara

el obturador, la lente

estar estropeada, no funcionar, estar
atascado/a, estar roto/a, entrar luz, revelar
el rollo (de 35 milímetros), la foto/fotografía
en blanco y negro/en color, la diapositiva,
el revelado

2. De viaje en coche, entras en un garaje para pedir que revisen el motor que no funciona bien. Explícale al mecánico el problema, pregúntale cuánto te costará el arreglo y para cuándo estará listo el coche. Pídele también que cambie el aceite y que revise la presión de los neumáticos. Necesitas tu coche en perfectas condiciones para continuar tu viaje.

PALABRAS Y FRASES ÚTILES

el coche, el carro (*in many Latin American countries*)

el motor, los frenos, la caja de cambios, el embrague, el carburador, la dirección, el acelerador

estar averiado, no funcionar bien, no arrancar, pegar tirones, tener un ruido extraño, calentarse demasiado, recalentarse, atascarse, estar atascado, no responder, estar sucio/a

el repuesto, la pieza de recambio

revisar/comprobar la presión de los neumáticos, cambiar el aceite

---

3. No siempre necesitaremos ir a un garaje para hacer reparar los pequeños desperfectos que pueda tener nuestro coche. Algunos podremos repararlos nosotros mismos. El texto que sigue en la página 24 da algunos consejos prácticos para el mantenimiento de nuestro coche. Léelo y después sigue las instrucciones que se dan al final del texto.

Cuidados que mantienen tu coche a punto

La puesta a punto es imprescindible y es también una garantía de que nuestro coche va a estar en las mejores condiciones, pero no es suficiente. A casi todo el mundo le gusta conducir, pero son pocos los que están dispuestos a mancharse las manos y aprender un poco de mecánica y sin embargo, es muy necesario para el mantenimiento del coche. No es demasiado complicado y cuando vamos a realizar un viaje es fundamental revisar algunas cosas:

- **El aceite:** hay que cambiarlo cada 4.000 km. Además conviene revisar el nivel cada 500 km y mantenerlo siempre a la mitad, entre la cota superior del máximo y la inferior del mínimo.
- **El agua:** cada 500 km es necesario revisar el nivel del agua porque se evapora. El agua se echa en el radiador, pero si las cosas se complican y nos encontramos con una avería, tenemos que echar también anticongelante.
- **La correa del ventilador:** examinar la correa del ventilador para comprobar que está lo suficientemente tensa tampoco es complicado. Conviene hacerlo cada 500 km y debemos asegurarnos de que tiene 1 cm o, como mucho, 1,5 cm de flexibilidad. El estado de la correa es también importante, en caso de comprobar de que tiene desperfectos es necesario cambiarla.
- **La batería:** tampoco tiene complicaciones; consiste solamente en revisar el agua destilada cada 500 km y en caso de que necesite un poco más, echarla en los taponcitos de la parte superior.

(*Mía, No 196*)

¿Has leído el texto cuidadosamente? Toma nota de algunas de las palabras clave. Encontrarás los significados en el Vocabulario español–inglés al final del libro.

Ahora, imagina que uno de tus compañeros ha comprado un coche. Tú, que tienes algunos conocimientos básicos sobre el mantenimiento de un vehículo, decides darle algunos consejos antes de que él haga su primer viaje largo. Dile a tu compañero lo que tiene que hacer con relación: al aceite, al agua, a la correa del ventilador, a la batería. Si es necesario usa tus notas de vocabulario.

4. En el hotel donde estás hospedado/a, llamas al botones o a la camarera y le pides que te laven y planchen tu ropa. Indícale qué ropa tienes y explícale que debes viajar al día siguiente por la tarde, de manera que necesitas que la ropa esté lista a más tardar al mediodía. A una de las prendas de vestir le falta un botón. Pídele que te lo cosan.

PALABRAS Y FRASES ÚTILES

lavar la ropa, planchar la ropa, lavar al seco

la camisa, la blusa, el vestido, la falda, los pantalones, el pijama, los calcetines, la ropa interior, los pañuelos

faltar un botón, coser un botón

3

EN EL RESTAURANTE

1 Julio e Isabel en un restaurante de una ciudad mexicana

JULIO	Buenas noches.
CAMARERO	Buenas noches, señor.
JULIO	¿Tiene una mesa para dos?
CAMARERO	Sí, señor. ¿Quieren sentarse allí, junto a la ventana?
JULIO	Gracias. Nos trae la carta, por favor.
CAMARERO	Sí, ahorita se las traigo.
	(*El camarero les entrega la carta y más tarde regresa a tomar el pedido.*)
	¿Qué se van a servir?
ISABEL	Quiero un coctel de aguacate para empezar.
CAMARERO	¿Y usted señor?
JULIO	Prefiero una ensalada. ¿En qué consiste la ensalada del chef?
CAMARERO	Lleva lechuga, jamón, pollo, lengua y salsa roquefort.
JULIO	Sí, tráigame eso.
CAMARERO	¿Y de segundo qué desean?
ISABEL	Para mí el filete mignon. ¿Con qué viene?
CAMARERO	Bueno, lo servimos con salsa de pimienta, pero puede

acompañarlo con arroz, puré, papas cocidas o ensalada.

ISABEL   Lo prefiero con ensalada.

JULIO   A mí tráigame filete de pescado a la plancha con puré.

CAMARERO   ¿Y qué van a beber?

ISABEL   ¿Tiene jugo de piña?

CAMARERO   No, de piña no nos queda. Tenemos de naranja y de tomate.

ISABEL   Tráigame uno de naranja.

JULIO   Para mí una Coca-Cola.

(Después de la cena, Isabel y Julio llaman al camarero para pedir el postre.)

ISABEL   ¿Qué tiene de postre?

CAMARERO   Tenemos pastel de queso con fresas, duraznos o mangos en almíbar, flan de vainilla, fresas con crema batida y helados.

ISABEL   Quiero pastel de queso con fresas.

JULIO   Para mí mangos en almíbar.

CAMARERO   ¿Van a tomar café?

ISABEL   Yo no, gracias.

JULIO   Sí, a mí tráigame un café.

RESTAURANTE EL CANDIL

Calle de la Reforma, 334, México, D.F.

PARA EMPEZAR

Coctel de camarones	6000
Coctel de frutas	2500
Coctel de aguacate	2500
Coctel de ostiones	5000

SOPAS

Sopa o crema del día	2500
Sopa de fideos	2000
Crema de espárragos	3000
Sopa de arroz con dos huevos	3500

ENSALADAS

Ensalada del Chef	9000
Ensalada de espinacas	4000
Ensalada de pollo	7500
Ensalada mixta	3000
Ensalada de atún	7500

ESPECIALIDADES

Filete mignon	12500
Chuletas de cerdo	8000
Carne asada	10500
Chuletas de ternera	9000
Filete de pescado a la plancha	12000
Pollo frito	10500

BEBIDAS

Jugos de piña, naranja, tomate	1500
Limonada	1500
Café o té	1600
Café con leche	2100
Chocolate	2100
Leche	1600
Gaseosas	1500

POSTRES

Pastel de queso con fresas	3000
Duraznos en almíbar	3000
Mangos en almíbar	3000
Flan de vainilla	2800
Fresas con crema batida	3500
Helados	2800

NOTAS

Nos trae la carta.	Will you bring us the menu? (The use of the present tense *nos trae* instead of the imperative *tráiganos* is more subtle than the command.)
Ahorita se las traigo.	I'll bring it right away. (*Ahorita*, for *ahora*, is frequently heard in Mexico and some other Latin American countries. It is never used in Spain.)
Y de segundo ...	And as a second course ...
papas cocidas	boiled potatoes (*Papas* is the Latin American equivalent of *patatas*, used in Spain.)
a la plancha	grilled
duraznos	peaches (in Spain, *melocotones*)
fresas con crema batida	strawberries with whipped cream (in Spain, *fresas con nata*)
el camarero	waiter (While this word is understood throughout the Spanish-speaking world, Mexicans usually prefer the word *mesero*.)

2 De visita en un café

CAMARERO	Buenas tardes. ¿Qué desean tomar?
KAREN	Quiero un café solo y un sándwich de pollo y queso fundido.
JANE	Para mí un helado de fresa.
PAUL	A mí tráigame una limonada y un brazo de gitano.
CAMARERO	¿Algo más?
PAUL	Nada más, gracias.

NOTAS

queso fundido	melted cheese
un brazo de gitano	jelly roll

3 En la habitación de un hotel en Cuernavaca, México

TELEFONISTA	¿Bueno?
MARK	Por favor, ¿puede enviar dos desayunos a la habitación 410?
TELEFONISTA	¿Quieren el desayuno continental? Trae jugo de fruta, pan danés o tostado y café o té.
MARK	Sí, está bien. Dos desayunos continentales con café con leche.
TELEFONISTA	Muy bien, señor. ¿El cuarto 310, me ha dicho?
MARK	No, el 410. ¿Pueden enviarlo ahora mismo?
TELEFONISTA	Sí, se lo enviaremos en seguida.

NOTAS

el pan danés   Danish roll

la habitación room (Commonly used throughout the Spanish-speaking world.)

el cuarto room (Also commonly used, but heard more often in Latin America than in Spain.)

y ahora tú

1. De visita en México decides ir con un par de amigos a un restaurante. Usa la carta en la página 29 para construir diálogos similares al diálogo 1.

2. Estás en un hotel en un país de habla española y llamas a la recepcionista para que te envíen el desayuno a la habitación. Aquí tienes una carta de la que puedes escoger.

DESAYUNO

Continental	4200
Jugo de fruta	2300
Cereales con fruta	2420
Ensalada de frutas	3570
Tostadas con mantequilla y mermelada	2200
Leche caliente o fría	1100
Café o té	900
Chocolate	1290

PALABRAS Y FRASES ÚTILES

Tráigame/nos la carta, Me/Nos trae la carta

Quiero (sopa de verduras)/para mí (ensalada)/a mí tráigame (pescado)/prefiero (carne)

la entrada/los entremeses/el segundo/el postre

¿Cómo quiere (el pescado/la carne)?, Lo/la quiero muy hecho(a)/poco hecho(a)/a la plancha/cocido(a)/frito(a)

¿Qué tiene de segundo/de postre?, la cuenta, por favor/me (nos) da (trae) la cuenta

3. Hablando de comidas con una amiga española, ella te describe un plato típico de su país: el gazpacho andaluz. "El gazpacho andaluz es una sopa vegetal, de origen árabe, que se toma fría, principalmente durante el verano. Para hacer el gazpacho andaluz se necesitan los siguientes ingredientes: 4 rodajas de pan, 4 cucharadas de vinagre, 2 cucharadas de agua, 1 diente de ajo, 3 tomates grandes, 1 pimiento verde, medio pepino y un tercio de taza de aceite de oliva.

Primero se mezcla el vinagre y el agua y se echa sobre el pan. Luego se pone el ajo, los tomates, el pimiento y el pepino cortados en una batidora, se agrega el aceite y el pan y se mezcla todo en la batidora hasta hacer un puré. Después se echa todo en una cacerola, se agrega agua y se pone en la nevera."

NOTAS

Observa algunos de los verbos que se han usado en la receta anterior: *mezclar* (to mix), *echar* (to pour, to put into), *agregar* (to add), *poner* (to put).

4. Describe ahora para tu amiga un plato típico de tu país o región.

5. Lee este breve artículo que trata de los hábitos alimenticios de los españoles.

Los españoles y la alimentación

No es fácil determinar las preferencias del español en cuanto a la alimentación, ya que cada región presenta características propias que las diferencian de otras regiones. El consumo de carne vacuna y de pescado es mayor en el norte, mientras que en Cataluña y Levante existe preferencia por el pollo. Los catalanes y valencianos consumen también mayor cantidad de frutas y verduras que en otras partes de España. La carne y los huevos son parte importante de la dieta en las regiones de Castilla y Aragón, mientras que los andaluces prefieren el pescado y las frutas.

Comenta con tus compañeros el contenido del texto.

PREGUNTAS

1. ¿Qué diferencias se observan en las distintas regiones de España en lo que a alimentación se refiere?

2. ¿Qué diferencias o similitudes se pueden observar con respecto de los hábitos alimenticios en tu país?

3. ¿Existen diferencias regionales en tu país en lo que a alimentación se refiere? Comenta.

4. ¿Existen diferencias de alimentación en los distintos grupos étnicos que existen en tu país? (Por ejemplo, comida mexicana, comida italiana, comida china, comida india, etc.) Explica lo que sabes sobre los hábitos alimenticios de los diferentes grupos.

6. Las revistas dedicadas a la alimentación y la salud contienen a menudo consejos prácticos para adelgazar. ¿Qué opinas sobre las dietas para adelgazar? ¿Piensas que existe algún tipo de peligro en este tipo de regímenes alimenticios? ¿Qué precauciones habría que tomar? En tu opinión, ¿cómo debe ser una dieta equilibrada? Comenta todo lo anterior con un compañero o con los otros estudiantes de la clase.

Ahora, lee este artículo publicado por una revista española dedicada a la salud.

Dieta aconsejada para adelgazar

Alimentos a evitar
—Leche entera, yogur de leche entera y quesos grasos.
—Dulces, azúcar, miel, galletas, bollería, confituras.
—Alcohol, bebidas azucaradas.
—Chocolate y postres.
—Frutos secos, castañas, aguacates, plátanos, higos.
—Carnes grasas.
—Legumbres secas.
Alimentos a tomar moderadamente
—Carnes magras.
—Pescado, crustáceos, moluscos.
—Leche descremada, yogur desnatado, quesos frescos.
—Huevos.

—Aceite vegetal.
— Frutas: dos por día.
—Patatas, 200 gramos dos veces por semana.
—Arroz o pasta, dos veces por semana.
Alimentos a elegir
—Agua, mínimo de 1,5 a 2 litros por día.
—Verduras, hortalizas.
— Ensalada.
— Infusiones sin azúcar.

Forma de guisar
— Sin materia grasa, con muy poca sal.
—Carne a la plancha.
—Pescado a la plancha.
—Verduras al vapor.
Conviene tomar un desayuno rico en proteínas con huevos, leche o yogur desnatado, queso fresco o carne fría. También es recomendable beber mucha agua entre las comidas.
(*Salud, Nº 53*)

PREGUNTAS

1. ¿Qué opinión te merece la dieta anterior? ¿La consideras adecuada y equilibrada? ¿Tienes alguna objeción? Comenta con tus compañeros.

2. ¿Has seguido alguna vez una dieta alimenticia, o conoces a alguien que lo haya hecho? ¿En qué consistió la dieta? ¿Por qué fue necesario seguirla? Explica.

PALABRAS Y FRASES ÚTILES

seguir una dieta, bajar/subir de peso, adelgazar, engordar

delgado, gordo

4

TIEMPO DE OCIO

1 ¿Quieres ir al cine?

GLORIA	(*Contesta al teléfono.*) ¿Diga?
ANTONIO	Hola, Gloria. Soy Antonio.
GLORIA	Hola, ¡Qué sorpresa! ¿Dónde has estado? Te llamé el viernes y no te encontré.
ANTONIO	Pasé el fin de semana en casa de unos amigos en Cuenca. Me fui el viernes al mediodía y regresé el domingo por la noche.
GLORIA	¡Hombre! ¿Y qué tal lo has pasado?
ANTONIO	Estupendamente. Nos hemos divertido muchísimo. Ya te lo contaré cuando nos veamos. A propósito, ¿tienes algo que hacer esta noche?
GLORIA	Pues, nada, ¿por qué?
ANTONIO	Es que en el Cine Vergara ponen una película de Woody Allen que quiero ver: *Delitos y faltas*. ¿La has visto?
GLORIA	Bueno, sí, ya la he visto, pero no me importaría verla otra vez. Es muy divertida. He visto casi todas las películas de Woody Allen. ¿A qué hora empieza?
ANTONIO	Pues, hay una sesión a las 7.00 y otra a las 9.00. ¿Qué te parece si vamos a la de las 9.00? Puedo pasar por ti en el coche sobre las 8.00 y nos tomamos una copa en algún lugar antes de irnos al cine.

GLORIA   Estupendo. ¿Qué tal si llamo a Marisa y le digo que venga con nosotros? Está un poco sola. Tú sabes que ha terminado con Alberto.

ANTONIO   Sí, ya me he enterado. Llámala y dile que nos acompañe. Le hará bien salir un poco.

GLORIA   Vale, la llamaré ahora mismo.

ANTONIO   Hasta luego.

GLORIA   Hasta luego, Antonio.

NOTAS

¿Diga? ¿Dígame?   Hello. (Used in Spain when answering the phone. In other Spanish-speaking countries you may hear *¿hola?* (Argentina), *¿aló?* (Chile), *¿bueno?* (Mexico).

¡Hombre!	literally, man (This word is used frequently in Spain to express a range of emotions from surprise to annoyance or disappointment. It is often omitted in translation.)
¿Y qué tal lo has pasado?	And how did it go? Did you have a good time?
Nos hemos divertido muchísimo.	We enjoyed ourselves very much.
Ya te lo contaré.	I'll tell you about it (in due course).
a propósito	by the way
poner una película	to show a film (In some Latin American countries, for example Argentina and Chile, the equivalent expression is *dar una película*.)
Delitos y faltas	*Crimes and Misdemeanors* (a film by Woody Allen)
no me importaría	I wouldn't mind
Puedo pasar por ti.	I can pick you up.
sobre las 8.00	about 8 o'clock
tomar(se) una copa	to have a drink
¿Qué tal si llamo …?	What if I call …?
Ya me he enterado …	I've already heard (about) …
le hará bien.	It'll do her good.
vale	O.K. (slang, used particularly in Spain)
ahora mismo	right now

2　Un fin de semana fuera de la ciudad

MARTA　¿Qué haremos este fin de semana? La verdad es que no quisiera quedarme en Madrid. Me siento muy cansada.

ANDRÉS　Creo que deberíamos salir. Yo también necesito un buen descanso. Esta semana he trabajado muchísimo. ¿Recuerdas aquel hotel de la sierra donde fuimos el año pasado? No estaba nada mal. Podríamos telefonear y reservar una habitación para el fin de semana.

MARTA　¡Magnífico! Podemos salir el viernes por la tarde y regresar el domingo por la noche. Y nada de llevar trabajo, eh, será un fin de semana para descansar, leer y comer bien.

ANDRÉS　Llamaré al hotel esta misma noche para reservar una habitación. ¿Recuerdas cómo se llamaba el hotel?

MARTA　Era el Hotel Bellavista. Puedes pedirle el número a la operadora. Ah, y diles que te den una habitación exterior ...

NOTAS

Me siento muy cansada.	I feel very tired.
Necesito un buen descanso.	I need a good rest.
No estaba nada mal.	It wasn't bad at all.
Diles que te den ...	Tell them to give you ... (Notice the use of the present subjunctive [*den*] in this construction.)
una habitación exterior	a room with a view

3 El partido de fútbol

PEDRO   ¡Qué lata tener ese examen el lunes! Me gustaría ir al estadio mañana sábado para ver jugar al Real Madrid con Barcelona.

ROBERTO   ¿A qué hora es el partido?

PEDRO   Me parece que empieza a las 6.00.

ROBERTO   Pues, a mí también me gustaría ir. Podríamos ir juntos. ¿Qué te parece?

PEDRO   ¿Crees que encontraremos entradas?

ROBERTO   Es posible que todavía queden, aunque no serán precisamente las más baratas. Si te parece, puedo ir a sacarlas. Mientras tanto tú te dedicas a estudiar y así no suspenderás el lunes. ¿Vale?

PEDRO   Vale, de acuerdo.

NOTAS

¡Qué lata!	What a drag!
Es posible que todavía queden.	There may still be some (tickets) left.
Puedo ir a sacarlas.	I can go get them (the tickets).
mientras tanto	in the meantime
No suspenderás.	You won't fail.

y ahora tú

1. Un fin de semana llamas por teléfono a un amigo y lo invitas al cine. Mira unos de los anuncios y sugiere una de las películas que se indican. Tu amigo no ha visto la película y quiere saber en qué cine la ponen y a qué hora empieza. Dale la información que te pide y acuerda con él un lugar y hora de encuentro.

FESTIVAL DE CINE ESPAÑOL

EL BIOGRAFO

CINE ESPAÑOL PARA EL MUNDO

	16.15-19.15	21.45
22 LUNES	**MI GENERAL** de JAIME DE ARMINAN	**EL AÑO DE LAS LUCES** de FERNANDO TRUEBA
23 MARTES	**EL SUR** de VICTOR ERICE	**MATER AMATISIMA** de JOSE A. SALGOT
24 MIERCOLES	**LA MITAD DEL CIELO** de MANUEL GUTIERREZ ARAGON	**LA MUERTE DE MIKEL** de IMANOL URIBE
25 JUEVES	**LAS CARTAS DE ALOU** de MONTXO ARMENDARIZ	**LA ESCOPETA NACIONAL** de LUIS G. BERLANGA
26 VIERNES	**EL MAR Y EL TIEMPO** de FERNANDO FERNAN GOMEZ	**LA GUERRA DE LOS LOCOS** de MANUEL MATJI
27 SABADO	**LAS COSAS DEL QUERER** de JAIME CHAVARRI	**DIVINAS PALABRAS** de JOSE LUIS GARCIA SANCHEZ
28 DOMINGO	**¡AY CARMELA!** de CARLOS SAURA	**MATADOR** de PEDRO ALMODOVAR

FRASES Y PALABRAS ÚTILES

¿Qué te parece si vamos …?/¿Qué tal si
vamos …?/¿Te gustaría que fuéramos …?/
Podríamos ir …

Me gustaría ver …

¿Dónde la ponen?/¿En qué cine la ponen?/
¿Dónde la dan? La ponen/dan en el cine …

¿Qué te parece si quedamos en (lugar) a las
(hora) …?

---

2. Durante tus vacaciones haces planes con dos amigos para pasar el
   fin de semana fuera de la ciudad. Tú sugieres ir a la playa y explicas
   el por qué, otro sugiere ir a la montaña y otro al campo. Después de
   considerar las ventajas y desventajas de ir a uno u otro lugar, se
   toma una decisión y se acuerda el medio de transporte, la hora de
   salida, el lugar donde pasarán la noche (alguien sugiere un hotel
   bueno y económico), cuando regresarán, etc.

FRASES Y PALABRAS ÚTILES

Me gustaría ir a …/yo preferiría que
fuéramos a …/creo que sería mejor que
fuéramos a …/¿por qué no vamos a …?/
¿y qué tal si vamos a …?/¿qué les/os parece
si …?

Es preferible ir a … porque …

Si vamos a … podremos/podríamos …

Podríamos quedarnos en …/¿qué tal si nos
quedamos en …?/quedémonos en …/yo
sugiero que nos quedemos/pasemos la noche
en …

3. Un sábado por la tarde llamas por teléfono a un amigo y le sugieres ir a un partido de fútbol/rugby/baloncesto/balonvolea, etc. Tu amigo quiere saber quiénes juegan, dónde y a qué hora es el partido y cuánto cuestan las entradas. Tú tienes que trabajar, de manera que no podrás ir a comprar las entradas. Tu amigo está libre y se ofrece para comprarlas él mismo. Finalmente acuerdan un lugar y hora de encuentro.

FRASES Y PALABRAS ÚTILES

el partido de fútbol/tenis, etc.; el equipo de fútbol/baloncesto, etc.; los jugadores

a mí me es imposible …/yo no podría …

porque …, lamentablemente/ desafortunadamente

4. Comenta con un compañero lo que harás el fin de semana o en tus próximas vacaciones.

FRASES Y PALABRAS ÚTILES

¿Qué piensas hacer …?/¿qué va a hacer …?/¿qué harás …?/¿qué planes tienes …?/¿tienes algún plan para …?

Pienso (ir a …, salir, trabajar, etc.)/voy a … (ir a …, quedarme en …, pasar unos días en …, viajar, etc.)

---

5. Comenta con un compañero:
   a. una película que hayas visto y que recuerdes especialmente,
   b. algún partido (de fútbol/baloncesto/tenis, etc.) u otra actividad deportiva a la que hayas asistido o en la que hayas participado recientemente.

FRASES Y PALABRAS ÚTILES

a. la película/el film, los actores/el actor/la actriz/el director, una película de (nombre del director), una película histórica/romántica/de aventuras/de horror/de suspenso/de guerra/del oeste

la película trata de …/es sobre …/tiene que ver con …

b. el partido de …

jugar (bien/mal), ganar, perder, empatar

un buen/mal jugador

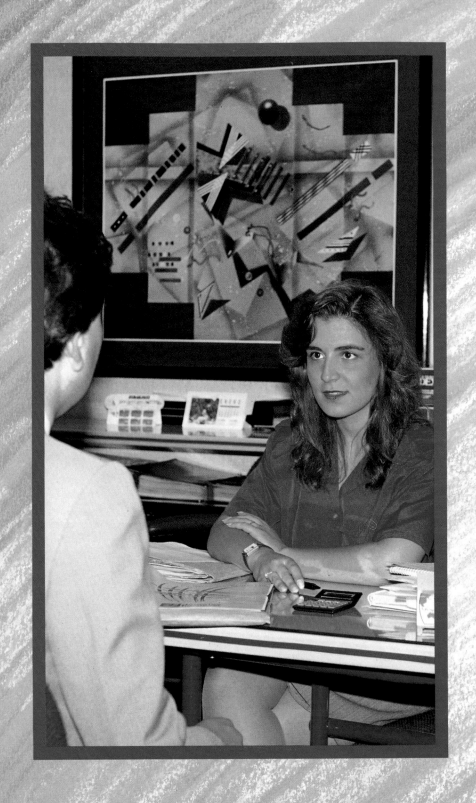

DE VIAJE

 Bienvenidos a Colombia

Pablo Rojas y Pilar, su mujer, han venido de España a pasar unas vacaciones en casa de unos amigos en Bogotá, Colombia. Pablo y Pilar han decidido pasar unos días fuera de la capital. Su primera visita será a Medellín. Desde Bogotá, Pablo llama al Hotel El Dorado para reservar una habitación.

RECEPCIONISTA (*Respondiendo al teléfono*) Hotel El Dorado. Buenas tardes.

PABLO Buenas tardes. Quisiera reservar una habitación para el viernes que viene.

RECEPCIONISTA ¿Para cuántas personas?

PABLO Para dos personas. Queremos una habitación doble.

RECEPCIONISTA ¿Y cuánto tiempo se van a quedar?

PABLO Aún no lo sé, posiblemente cuatro o cinco días. ¿Tienen baño las habitaciones?

RECEPCIONISTA Sí, señor. Todas las habitaciones tienen cuarto de baño. ¿A qué nombre le hago la reserva?

PABLO A nombre de Pablo Rojas.

RECEPCIONISTA Muy bien, señor Rojas. Su habitación está reservada para el viernes 15 de agosto.

PABLO Muchas gracias. Hasta luego.

RECEPCIONISTA De nada, señor.

NOTAS

el viernes que viene   next Friday

¿A qué nombre ...?   In what name ...?

2 En Medellín

A su llegada al Hotel El Dorado, Pablo y Pilar se dirigen a la recepción.

PABLO   Buenas tardes.

RECEPCIONISTA   Buenas tardes. ¿En qué puedo servirles?

PABLO   Tenemos una habitación reservada a nombre de Pablo Rojas. Hice la reserva por teléfono el lunes pasado.

RECEPCIONISTA   Un momentito, por favor. ¿A qué nombre me ha dicho que está?

PABLO   A nombre de Pablo Rojas.

RECEPCIONISTA   (*Después de encontrar la reserva correspondiente*) Sí, aquí está su reserva, señor Rojas. Una habitación doble.

PABLO   Eso es.

RECEPCIONISTA   ¿Van a tomar la pensión completa?

PABLO   No, sólo media pensión, el desayuno y la cena. Vamos a almorzar fuera.

RECEPCIONISTA   Perfectamente. Les daré una habitación con vista a los jardines y a la piscina. A ver ..., sí, aquí tenemos una disponible, la número 610, en el sexto piso. Es una habitación muy tranquila y la vista es estupenda. ¿Tienen sus pasaportes, por favor?

PABLO	Aquí tiene usted.
RECEPCIONISTA	Gracias. Tomaré los datos y se los daré más tarde. ¿Tienen equipaje?
PABLO	Sí, estas dos maletas.
RECEPCIONISTA	Llamaré al botones para que las suba. El ascensor está allí enfrente.
PABLO	Gracias.

NOTAS

¿En qué puedo servirles?	How may I help you?
el lunes pasado	last Monday
la pensión completa	full board
la media pensión	half board
Con vista a ...	With a view of ...
A ver ...	Let's see ...
para que las suba	so that he takes them up

3 En la agencia de alquiler de coches

En su segundo día en Medellín Pablo y Pilar deciden alquilar un coche para conocer los lugares de interés dentro y fuera de la ciudad. En una agencia de alquiler de coches Pablo habla con la empleada.

EMPLEADA	Buenos días. ¿Qué desean?
PABLO	Estamos de visita aquí en Medellín y quisiéramos alquilar un coche para conocer la ciudad.
EMPLEADA	¿Qué tipo de coche prefieren?

PABLO   Queremos un coche pequeño y que sea económico.

EMPLEADA   En ese caso le recomiendo el Ford Fiesta o el Renault Super 5. Los dos son bastante económicos.

PABLO   ¿Y cuánto cuesta el alquiler por día?

EMPLEADA   Le daré uno de nuestros folletos para que vea usted los precios y pueda comparar. (*La empleada le entrega un folleto a Pablo.*) Mire, aquí tiene usted una lista de los distintos modelos y las tarifas por día y por kilómetro. En esta otra columna tiene las tarifas con kilometraje ilimitado. ¿Para cuántos días lo quieren ustedes?

PABLO   Para tres o cuatro días.

EMPLEADA   Entonces les va a convenir más tomarlo con kilometraje ilimitado. Resulta mucho más económico. Vea usted ...

PABLO   ¿Y el seguro está incluído?

EMPLEADA   Bueno, la tarifa incluye un seguro base, pero además usted puede tomar un seguro de accidente personal con reembolso de gastos médicos. Aquí en el folleto encontrarán ustedes toda la información. Si gusta pueden llevar el folleto para estudiarlo y volver cuando hayan tomado una decisión. Atendemos hasta las once de la noche. Después de esa hora sólo está abierta nuestra oficina del aeropuerto.

PABLO   Muchas gracias. Volveremos más tarde.

EMPLEADA   Cuando gusten.

NOTAS

Estamos de visita.	We're visiting.
Les va a convenir más.	It's going to be better (more convenient) for you.
Resulta mucho más económico.	It's much cheaper.
un seguro base	basic insurance

un seguro de accidente personal — personal liability insurance

reembolso de gastos médicos — reimbursement of medical expenses

Atendemos hasta … — We're open until …

cuando gusten — whenever you like

y ahora tú

1. Estás en España y decides visitar con tu acompañante los lugares más interesantes de Madrid. Otro amigo te ha recomendado el Hotel Palace, que es bueno y bastante económico. Llama al hotel y pide al recepcionista que te reserve una habitación. El recepcionista querrá saber si quieres una habitación doble o individual, con o sin baño privado (¡tu presupuesto y el de tu acompañante es muy limitado!), la duración de la estancia y el régimen de pensión. Contesta a sus preguntas y da toda otra información que te solicite.

> ### FRASES Y PALABRAS ÚTILES
>
> hacer una reserva, reservar una habitación/
> un cuarto para (4/5/6 días)/(1/2 semanas)
> desde el (15 de abril) hasta el (22)/a partir
> del (15 de abril)
> una habitación individual/doble, la pensión
> completa/la media pensión/sólo el desayuno

2. Tú y tu acompañante llegan al Hotel Palace y hablan con la recepcionista. Dile cómo te llamas e indícale que has hecho una reserva por teléfono. La recepcionista no puede encontrar tu apellido y te pide que lo repitas y lo deletrees. Hazlo e insiste que tú hiciste la reserva personalmente hace un par de días. Finalmente aparece la información. La recepcionista se excusa ya que ella no estaba en la recepción aquel día.

   La recepcionista te indica el número de la habitación y el piso donde se encuentra. Desgraciadamente, ésta es interior y no tiene vista de la ciudad y por ahora no hay otra habitación disponible, aunque promete avisarte cuando haya una libre.

   Antes de darte la llave, la recepcionista pide tus datos personales: nombre y apellido tuyo y el de tu acompañante, profesión y dirección de ambos.

> ### FRASES Y PALABRAS ÚTILES
>
> ¿Cómo se escribe (*su apellido*)?, Lo siento
> mucho, pero ..., una habitación exterior/con
> vista al mar, Le avisaré cuando ...

3. Estás de viaje en las islas Canarias con un acompañante. Para conocer los principales sitios de interés ustedes deciden alquilar un coche y van a una agencia para pedir información: tipos de coches, tarifa normal, tarifa con kilometraje ilimitado, seguro, etc. La empleada dará la información que corresponda. La siguiente información servirá de base para la conversación.

CANARIAS

PRECIOS DIARIOS

CATEGORIA	GRUPO	MODELO	Puert./Plaz.	Radio	Aire acond.	KILOMETRAJE ILIMITADO 1-2 días	3-6 días	7+ días

MANUAL

CATEGORIA	GRUPO	MODELO	Puert./Plaz.	Radio	Aire acond.	1-2 días	3-6 días	7+ días
SUPER ECONOMICO	O	SEAT PANDA	3/4			3.000	2.700	2.500
ECONOMICO	A	FORD FIESTA / CITROEN AX 11 RE / OPEL CORSA	3/4 3/4 3/4			4.150	3.690	3.557
PEQUEÑO	B	SEAT IBIZA 1.2 / PEUGEOT 205 GL / FIAT UNO / VW POLO	3/4 5/4 3/4 3/4	♦ ♦ ♦		4.900	4.360	4.200
MEDIO	C	FORD ESCORT 1.3 CL	5/5	♦		5.900	5.250	5.057
GRANDE	D	FORD ORION 1.4 CL	4/5	♦		7.400	6.590	6.343
EJECUTIVO	F	RENAULT 21 GTS** / CITROEN BX 16**	5/5 5/5	♦ ♦		9.130	8.130	7.826

AUTOMATICO

CATEGORIA	GRUPO	MODELO	Puert./Plaz.	Radio	Aire acond.	1-2 días	3-6 días	7+ días
GRANDE	J	FORD SIERRA 2.0**	4/5	♦	♦	12.900	11.480	11.057

ESPECIALES

CATEGORIA	GRUPO	MODELO	Puert./Plaz.	Radio	Aire acond.	1-2 días	3-6 días	7+ días
FAMILIAR	H	CITROEN BX 19** / RENAULT 21 GTS**	5/5 5/5	♦ ♦		9.320	8.290	7.989
DESCAPOTABLE	N	FIAT PANDA 40 sun roof	2/4	♦		4.340	3.860	3.720
TODO TERRENO	P	SUZUKI JEEP SJ 410	2/4	♦		6.500	5.790	5.571

- COCHES DISPONIBLES EN LA GOMERA. Grupo O: Seat Panda. Grupo A: Opel Corsa. Grupo B: VW Polo. Grupo P: Suzuki Jeep.
- NO DISPONIBLES EN GRAN CANARIA, TENERIFE y LANZAROTE: Seat Panda, Opel Corsa y VW Polo.
- FUERTEVENTURA Y SANTA CRUZ DE LA PALMA: Consulte precios.

SERVICIO DE ASISTENCIA LAS 24 HORAS DEL DIA,
LLAMANDO AL (91) 593 33 33.

> Seguro de Accidente Personal y reembolso de gastos médicos pueden obtenerse con un cargo adicional. Solicite información al alquilar su coche.

FRASES Y PALABRAS ÚTILES

alquilar un coche/un carro (*Latin America*)

el alquiler (de un coche/carro)

el carnet/el carné/la licencia de conducir

la tarifa (no) incluye el seguro, el mantenimiento, el engrase, el aceite, los impuestos, las multas de tráfico

4. Relata a tus compañeros de la clase un viaje que hayas hecho dentro o fuera del país.

FRASES Y PALABRAS ÚTILES

hacer un viaje/viajar

pasar una temporada en .../unas vacaciones en ...

el viaje fue/resultó (bonito/interesante/ divertido/aburrido) porque ...

durante el viaje/las vacaciones (me dediqué a mirar el paisaje/hablar con los otros viajeros/recorrer la ciudad/descansar/ dormir/tomar el sol/nadar/salir de excursión/salir de paseo/leer; o, miré el paisaje/hablé .../recorrí .../descansé, etc.)

---

5. Comenta sobre las distintas formas de transporte público y privado en tu país. ¿Qué formas de transporte público utiliza preferentemente la gente para distancias cortas?, ¿para distancias largas? ¿Cómo viaja la mayoría de la gente a su trabajo en las grandes ciudades? ¿Y en las ciudades pequeñas? ¿Qué forma de transporte prefieres tú cuando tienes que viajar dentro de la ciudad? ¿fuera de la ciudad? ¿Por qué?

FRASES Y PALABRAS ÚTILES

los medios de transporte/el transporte

el viaje

viajar (de un lugar a otro/de un punto a otro)

en coche/carro (*Latin America*), en autobús, en autocar (*Spain*), en tren, en metro, en avión, en barco, en motocicleta, en bicicleta

---

los viajeros, los pasajeros

conducir/manejar (*Latin America*) un coche/
un vehículo

el conductor (de un vehículo)

6

¿POR DÓNDE SE VA?

1 Una visita al museo

John Foster, un estudiante de español de los Estados Unidos, ha venido a pasar una temporada a Santiago de Chile, a casa de una familia chilena. Es la primera vez que John visita el país y quiere aprovechar al máximo su estancia conociendo todos los sitios de interés, dentro y fuera de la capital. Hoy John decide visitar el Museo de Arte Precolombino. Su amigo Carlos le indica cómo llegar hasta allí.

CARLOS ¿Qué piensas hacer esta mañana?

JOHN Me gustaría visitar el Museo de Arte Precolombino. Está un poco lejos de aquí, ¿verdad?

CARLOS Sí, está bastante lejos. Será mejor que vayas en el metro. Tienes que caminar hasta la estación Pedro de Valdivia y tomar el metro en dirección a la Estación Central. Te bajas en la estación Universidad de Chile y desde allí caminas hasta la calle Bandera, que está una cuadra más abajo. En Bandera doblas a la derecha. El museo está a cuatro cuadras de allí, entre la calle Huérfanos y la calle Compañía, a la mano derecha.

JOHN ¿Sabes a qué hora abren?

CARLOS Me parece que a las 10.00.

JOHN ¿Puedo regresar en bus desde el centro?

CARLOS   Sí, en la misma calle Compañía puedes tomar un bus que venga por la avenida Providencia. Bájate en la esquina de Pedro de Valdivia con Once de Septiembre. Volverás a almorzar, ¿verdad?

JOHN   Sí, volveré alrededor de la 1.00. ¿Te parece bien?

CARLOS   Sí, está bien. A esa hora ya habré regresado de la oficina. Hoy tengo la tarde libre. Podemos almorzar juntos y después, si no estás muy cansado, podríamos ir a la piscina. ¿Te gustaría?

JOHN   Estupendo.

NOTAS

¿Qué piensas hacer?	What are you planning to do/thinking of doing?
Será mejor que vayas ...	You'd better go ...
caminar	to walk (a synonym of *andar*)
tomar el metro	to take the subway (In Spain, you're more likely to hear *coger* for *tomar*, when referring to means of transportation.)
en dirección a ...	towards ...
Te bajas en ...	You get off at ... (*Present Tense*)
Bájate en ...	Get off at ... (*Imperative*)
una cuadra	a block (*Latin America*) (In Spain, use the word *calle* [*a dos calles de allí*] or *manzana* [*dos manzanas más abajo*].)
más abajo	further down (similarly, *más arriba* [further up])
a la mano derecha	on the right-hand side
el bus	short for *el autobús* (*Bus* is used in some Latin American countries; in Spain use *autobús*.)
Ya habré regresado.	I'll have already returned.

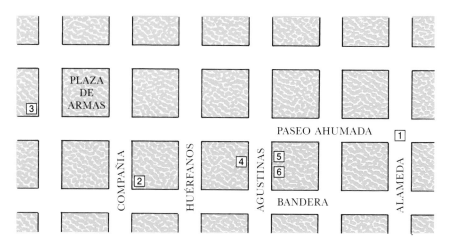

1) METRO UNIVERSIDAD DE CHILE
2) MUSEO DE ARTE PRECOLOMBINO
3) OFICINA DE CORREOS
4) AGENCIA DE VIAJES TURAMERICA
5) AGENCIA DE VIAJES NUEVO MUNDO
6) AGENCIA DE VIAJES INTER TOUR

Correo Central
Santiago de Chile

2 Para ir al correo

Al salir del museo, John pregunta a un transeúnte por dónde se va a la oficina de correos.

JOHN Perdone, ¿puede decirme dónde está la oficina de correos, por favor?

TRANSEÚNTE Está en la Plaza de Armas. Siga por esta misma calle hasta el Paseo Ahumada, que está una cuadra más arriba, y allí doble a la izquierda. El correo está en la esquina que sigue, a mano derecha.

NOTAS

■■■■

la oficina de correos	post office (A standard phrase, although colloquially one normally hears only the last word: in Chile, *el correo;* in Spain, *correos.*)
Siga por esta misma calle.	Continue along this (same) street (imperative form of *seguir* [to continue, go on])
Doble a la izquierda.	Turn left.
en la esquina que sigue	at the next corner

3   ¿Dónde está la agencia de viajes?

Al salir de la oficina de correos, John pregunta por una agencia de viajes.

JOHN   Perdone, ¿hay alguna agencia de viajes por aquí?

TRANSEÚNTE   En la calle Agustinas hay varias.

JOHN   ¿Está cerca?

TRANSEÚNTE   A unos cinco minutos de aquí. Baje por el Paseo Ahumada y al llegar al tercer semáforo doble a la derecha. Entre el Paseo Ahumada y la calle Bandera encontrará varias agencias de viaje.

JOHN   Muy amable, gracias.

TRANSEÚNTE   De nada.

NOTAS

■■■■

Al llegar al tercer semáforo ...	When you reach the third traffic light ...
Muy amable.	(That's) very kind.

4 Un viaje al sur de Chile

John y Andrew, otro estudiante americano de visita en Chile, deciden viajar al sur del país. John pregunta a su amigo Carlos sobre la mejor forma de viajar.

JOHN   Andrew y yo queremos ir al sur de Chile. ¿Cómo podemos viajar?

CARLOS   Bueno, pueden ir en avión, pero naturalmente no verán nada del paisaje y les saldrá bastante caro. Les sugiero que tomen un bus o un tren hasta Puerto Montt, que está a unos mil kilómetros de Santiago. Desde allí pueden viajar a otros puntos, a la zona de los lagos, por ejemplo, que les va a encantar. Es muy bonita y hay mucho que ver.

JOHN   ¿Crees que será mejor ir en bus o en tren hasta Puerto Montt?

CARLOS   Les recomiendo el bus, porque es más rápido y les saldrá un poco más barato que el tren. En todo caso, los buses son bastante cómodos y tienen varios servicios al día. Quizás lo que podrían hacer sería hacer el viaje de ida en bus y el de regreso en tren. Tengo entendido que hay un tren que sale de Puerto Montt en la noche y llega aquí al día siguiente al mediodía. Es un viaje largo, pero vale la pena. Yo lo hice una vez. ¿Cuándo piensan viajar?

JOHN   Nos gustaría salir el lunes a más tardar y volver dentro de diez días. Quiero cruzar los Andes hasta Mendoza antes de volver a los Estados Unidos.

CARLOS   A finales de mes tomaré mis vacaciones y podríamos viajar juntos.

JOHN   Sería estupendo. ¿Has estado en Mendoza alguna vez?

CARLOS   Sí, estuve allí hace cinco años, pero me gustaría volver. Es una ciudad muy agradable y el viaje es realmente espectacular. Tienes que hacerlo.

JOHN   Entonces, lo haremos juntos cuando yo vuelva del sur.

CARLOS   ¡Trato hecho!

NOTAS

Pueden ir en avión.	(Notice the use of the third person plural *pueden*, rather than the familiar plural *podéis*, which would be appropriate in this context in Spain.)
Les saldrá bastante caro.	It'll turn out to be quite expensive.
Les sugiero que tomen un bus.	I suggest you take a bus (A long distance bus or coach in Spain is called *un autocar*.)

la zona de los lagos	the lake district (*Chile*)
Les va a encantar ...	You're going to like it very much ...
en todo caso	in any case
Tengo entendido que ...	I understand that ...
en la noche	at night (In Spain you're much more likely to hear *por la noche.*)
al día siguiente	the following day
Vale la pena.	It's worth it.
a más tardar	at the latest
a finales de	at the end of (similarly, *a fines de*)
Cuando yo vuelva del sur.	When I return from the south (Notice the use of the present subjunctive *vuelva* with future reference.)
¡Trato hecho!	That's a deal!

y ahora tú

1. Imagina que estás de vacaciones en Madrid. Tu hotel está cerca de la estación de metro Sol y tienes que ir al piso de unos amigos que viven cerca de la estación Lima. Pregunta al recepcionista del hotel cómo llegar allí. El plano del metro de Madrid servirá de base para la conversación.

FRASES Y PALABRAS ÚTILES

la línea (de metro)

coger/tomar la línea (1/2/3, etc.)/que va a .../en dirección a ... cambiar en ... a la línea ..., hacer transbordo en ..., bajarse en ...

2. Hoy has decidido viajar de Madrid a Barcelona a pasar un largo fin de semana en casa de unos amigos catalanes. En una agencia de viajes cercana al hotel pides información sobre cómo ir hasta la capital de Cataluña. Pregunta al empleado cómo puedes viajar, las horas de salidas de los trenes/los autocares, las horas de llegada y los precios. Decide qué medio de transporte prefieres usar y haz una reserva en la misma agencia. Esta información te servirá de base para la conversación.

Expreso Madrid — Barcelona

Salida de Madrid	22.55
Llegada a Barcelona	9.05
Valor del billete:	Ptas. 6.000

Talgo Madrid — Barcelona

Salida de Madrid	10.25
Llegada a Barcelona	16.45
Valor del billete:	Ptas. 9.000

Autocar Madrid — Barcelona

Salida de Madrid	23.15
Llegada a Barcelona	8.10
Valor del billete:	Ptas. 4.500

FRASES Y PALABRAS ÚTILES

el horario/los horarios de salida

la hora/las horas de llegada

tardar (8/9/10) horas

el valor/el precio de los billetes

el billete de ida/de ida y vuelta

hacer una reserva para (el viernes/sábado, etc.) a las (22.55/23.15, etc.)

3. Una amiga de habla española se encuentra de vacaciones en tu ciudad y te llama para saludarte. Tú decides invitarla a tu casa, pero como es la primera vez que viene, tienes que indicarle cómo llegar hasta el lugar donde vives desde la parada de autobús/la estación de metro/la estación de ferrocarril más cercana.

FRASES Y PALABRAS ÚTILES

bajarse en ...

al salir de la estación .../cuando salgas de la estación ... cruzar la calle/la plaza/el parque, doblar/girar a la izquierda/derecha

la estación/la parada de autobús está a 200 metros/5 minutos de mi casa/piso

mi casa/piso está enfrente de .../al lado de .../cerca de .../detrás de .../en la esquina ...

es una casa/un edificio grande/pequeño(a)/ de color .../de ladrillo/moderno(a)/ antiguo(a) ...

4. Estás en Madrid, en la esquina de la calle Goya y calle Príncipe de Vergara y quieres llegar al Museo de Lázaro Galdiano en la calle de Serrano. Detienes a un transeúnte y le preguntas cómo llegar hasta allí. Este plano del sector servirá de base para la conversación.

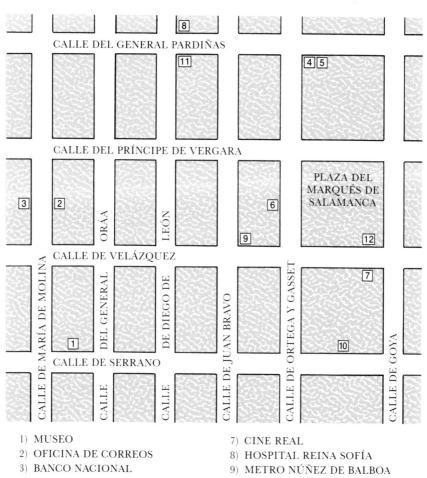

1) MUSEO
2) OFICINA DE CORREOS
3) BANCO NACIONAL
4) BANCO CENTRAL
5) OFICINA DE TURISMO
6) HOTEL PLAZA

7) CINE REAL
8) HOSPITAL REINA SOFÍA
9) METRO NÚÑEZ DE BALBOA
10) ESTANCO
11) FARMACIA
12) TELÉFONO PÚBLICO

FRASES Y PALABRAS ÚTILES

seguir todo derecho/todo recto hasta …, en
la esquina de … doblar a la izquierda/
derecha, continuar por la calle …/esa calle
hasta …, el Museo de Lázaro Galdiano está
al final de …/entre …

---

5. Estudia nuevamente el plano de Madrid y haz breves diálogos con
   un compañero preguntando e indicando cómo llegar a distintos
   lugares.

FRASES Y PALABRAS ÚTILES

¿Cómo se va a …?/¿por dónde se va …?,
¿Puede/podría decirme dónde está …?,
¿Sabe usted dónde está …?

Lo siento, no lo sé., No soy de aquí/no
conozco muy bien la ciudad.

---

6. Estudia otra vez el plano de Madrid e imagina que estás en uno de
   los lugares marcados. Varios turistas se acercan preguntando cómo
   llegar a varios sitios.

7

EN CONTACTO

1 En la oficina de correos

Mark y James, dos amigos ingleses, se encuentran en Salamanca, España, siguiendo un curso de español para extranjeros. Mark ha escrito algunas cartas a Inglaterra y hoy va a la oficina de correos para echarlas y enviar también un paquete a su novia que está de cumpleaños.

MARK   Buenos días. Quisiera enviar estas cartas a Inglaterra. ¿Cuánto cuestan los sellos?

EMPLEADA   A Inglaterra son 48 pesetas.

MARK   Deme cinco, por favor. ¿Y cuánto cuesta enviar una postal?

EMPLEADA   ¿A Inglaterra también?

MARK   Sí, a Inglaterra.

EMPLEADA   Son 36 pesetas.

MARK   Deme ocho sellos de 36.

EMPLEADA   Cinco sellos de 48 pesetas y ocho de 36, son 528 pesetas en total.

MARK   Quiero enviar este paquete también. Es un regalo.

EMPLEADA   ¿Por avión?

MARK   Sí, por avión.

EMPLEADA   Primero tiene que rellenar este impreso para aduana e indicar, en este caso, que es un regalo y especificar el valor.

MARK   ¿Tiene un bolígrafo, por favor?

EMPLEADA   Aquí tiene.

(*Mark rellena el impreso y entrega el paquete a la empleada, que lo pesa.*)

Son 1.200 pesetas, más 528 de los sellos, 1.728 pesetas.

(*Mark paga con un billete de 2.000 pesetas y la empleada le da la vuelta.*)

MARK   Gracias. ¿Podría decirme cuánto tardará en llegar el paquete a Londres?

EMPLEADA   Unos cinco o seis días.

NOTAS

rellenar un impreso	to fill out a form (In some Spanish-speaking countries you may hear *llenar* for *rellenar* and *un formulario* for *un impreso*.)
la vuelta	change (In Latin America you may hear *el vuelto* or *el cambio*.)
tardar	to take time (In some Latin American countries you may hear *demorar* in the same context.)
sellos	stamps; *estampillas* is more commonly used in Latin America.

2   Usar el teléfono público

James desea hacer una llamada a sus padres en Inglaterra, desde una cabina telefónica. Un amigo español que le acompaña le explica cómo hacer una llamada internacional desde un teléfono público.

JAMES   Quisiera hacer una llamada a Inglaterra. ¿Sabes tú qué prefijo tengo que marcar?

JAVIER ¿Vas a llamar a Londres?

JAMES Sí, a Londres, a casa de mis padres.

JAVIER Pues, necesitarás varias monedas de cien pesetas. Primero tienes que levantar el auricular y marcar el 07 que es el prefijo de internacional. Esperas el tono de marcar y en seguida marcas el 44, que es el prefijo correspondiente a Inglaterra, y después el 81 o 71, que corresponde a Londres. Finalmente marcas el número de la persona con quien quieres hablar. ¿Está claro?

JAMES Espera. Primero marco el 07, espero el tono y después marco el 44, seguido del prefijo de Londres, que en este caso es el 81, y luego marco el número de mis padres.

JAVIER Eso es. Tienes que tener las monedas listas.

JAMES Vale. Intentaré en aquel teléfono de la esquina. ¿Me esperas hasta que haya hablado?

JAVIER Por supuesto. Y que tengas suerte, que los teléfonos públicos no siempre funcionan.

NOTAS

hacer una llamada	to make a call
el prefijo	area code (In some Spanish-speaking countries you may hear *el código*.)
levantar el auricular	to pick up the receiver
el tono de marcar	dial tone
81 o 71 para Londres	(London has two area codes, depending on the location; if you are calling from London you dial 081 or 071.)

3 | Traigo un recado

Mark llama a una empresa española para hablar con un amigo de su padre, para quien ha traído un recado.

TELEFONISTA ¿Dígame?

MARK Buenos días. Quiero la extensión 452, por favor.

TELEFONISTA La extensión 452 está comunicando. ¿Quiere usted esperar?

MARK Sí, esperaré.

TELEFONISTA Muy bien, no cuelgue.

(*Después de un rato responde la secretaria en la extensión 452.*)

SECRETARIA Sí, ¿diga?

MARK Quisiera hablar con el señor Julián Rodríguez, por favor.

SECRETARIA ¿De parte de quién?

MARK De parte de Mark Clark. Tengo un recado para él de mi padre, el señor Peter Clark, de Londres, un cliente del señor Rodríguez.

SECRETARIA Un momento, por favor. No cuelgue. Le pongo con el señor Rodríguez.

NOTAS

la extensión	extension (in Chile, *el anexo;* in Argentina, *el interno*)
Está comunicando.	The line is busy. (In the Spanish-speaking countries of Latin America you're more likely to hear *la línea está ocupada.*)

No cuelgue.	Don't hang up (from *colgar*).
¿De parte de quién?	Who's speaking?
Le pongo con el Sr. Rodríguez.	I'll connect you with señor Rodríguez.

y ahora tú

1. Estás pasando unos días en un país de habla española y vas a la oficina de correos para enviar unas cartas y tarjetas postales a tu país. Pregunta a la empleada cuánto cuesta enviar cada carta/postal por avión e indica el número de sellos/estampillas que deseas. La empleada te indicará lo que debes pagar. También deseas enviar una carta certificada, pero la empleada te envía a otra ventanilla donde te piden que rellenes un impreso/un formulario con tu propio nombre y dirección y el del destinatario. Pregunta cuánto tiempo tardará en llegar la carta certificada.

FRASES Y PALABRAS ÚTILES

mandar/enviar una carta/una (tarjeta) postal

un sello/una estampilla de (____ pesos: México, Chile, Uruguay, Bolivia, Argentina; ____ soles: Perú; ____ bolívares: Venezuela)

---

2. Una amiga de habla española, de visita en tu país, no está familiarizada con los teléfonos públicos que aquí se usan. Tu amiga quiere saber qué tiene que hacer para hacer una llamada local y una llamada internacional a su casa. Explícale paso a paso lo que debe hacer.

FRASES Y PALABRAS ÚTILES

levantar el auricular, esperar el tono de marcar, marcar el número deseado

poner/depositar una moneda/monedas de (valor)

marcar el prefijo/código internacional/del país/de la ciudad

---

3. Un familiar te ha pedido que durante una visita a México llames por teléfono a un amigo suyo. Te ha dado el número de teléfono de su oficina y la extensión. Marcas el número y pides la extensión correspondiente a la telefonista, pero ésta está comunicando/está ocupada. Esperas hasta lograr la comunicación. La secretaria de la persona con quien deseas hablar te pedirá que des tu nombre.

FRASES Y PALABRAS ÚTILES

quisiera hablar con .../¿me puede poner con ...?

¿está el señor/la señorita ...?

tengo un recado para él/ella

¿de parte de quién?, de parte de ...

---

4. Telefonear a un amigo parece ser la cosa más sencilla del mundo. Pero no siempre actuamos correctamente frente a una comunicación telefónica, según se desprende de la siguiente prueba publi-

cada por una revista española. Responde con un *sí* o con un *no* a estas preguntas y después comenta tus respuestas con tus compañeros.

PRUEBA

¿Sabes telefonear?

Telefonear no es exactamente un arte. Es como recibir visitas, vender o solicitar un documento. Pero, ¡atención!, el micrófono amplifica los defectos, dudas, silencios ...

Hay muchos detalles que llegan acentuados al interlocutor y es muy importante tenerlos en cuenta a la hora de hablar con alguien por teléfono.

1. ¿Dices claramente tu nombre para identificarte, tanto si es un amigo como un extraño?

2. Cuando le conoces, ¿eres capaz de imaginar a tu interlocutor al otro lado del hilo telefónico?

3. ¿Hablas con naturalidad, como si tuvieras a la otra persona delante?

4. ¿Llegas a ser excesivamente breve, adoptando un estilo telegráfico que puede resultar enormemente desagradable?

5. Por el contrario, ¿sabes evitar dar el curriculum de la persona a la que te estás refiriendo?

6. ¿Telefoneas con otro motivo que no sea «pasar el rato», sin tener nada importante que decir?

7. ¿Antes de telefonear a alguien te preguntas si es una hora oportuna para hacerlo?

8. ¿Tienes en cuenta ... «Juan puede estar con un cliente», antes de llamar?

9. ¿Limitas tus conversaciones al mínimo estrictamente imprescindible para no entorpecer tu trabajo?

10. ¿Hablas con voz mesurada, de modo que tu interlocutor no deba alejarse del aparato o correr el riesgo de quedarse sordo?

11. ¿Llamas por teléfono mientras la radio, la televisión o el tocadiscos atruenan la habitación?

12. ¿Cierras todas las puertas, dando así la impresión a tu familia que tienes secretos?

13. ¿Utilizas el teléfono para llamar al novio de una compañera y coquetear?

14. ¿Planteas preguntas ambiguas, mordaces o embarazosas para echar de tu lado a un compañero o compañera que pueda estar escuchando?

15. ¿Telefoneas a cualquier número al azar, haciéndote pasar por la policía o por el depósito de cadáveres?

16. ¿Llamas por teléfono a tu proveedor, haciendo que te proporcione todo el inventario de su establecimiento, para pedirle una lata de sardinas?

17. ¿Aceptas citas con desconocidos con la excusa de ... «es que habla tan bien ...»?

18. ¿Eres de los/las que pierden la voz y permanecen mudos/as porque la impersonalidad del aparato les paraliza?

19. ¿Te sueles equivocar fácilmente de número?

20. ¿Dices «mmmh ...» o «¿no es cierto?» o «es evidente» para puntualizar cada una de tus frases.

(**Nota:** el vocabulario correspondiente a este texto lo encontrarás al final del libro.)

RESULTADO DE LA PRUEBA

Siendo estricto en el juicio, las diez primeras preguntas requieren una respuesta afirmativa, mientras que las diez últimas deben obtener una negativa.

- Si no totalizas 3 + 3 puntos: te mereces un gesto de desaprobación. Utilizas el teléfono casi como si fuera un televisor, sin otra utilidad que la de «pasar el rato».

- Con 5 + 5 o diez puntos favorables: es preferible que no telefonees a no ser que te sea absolutamente imprescindible.

- Con 9 + 9 puntos: ¡Bravo! Has demostrado que sabes utilizar este aparato tan necesario en la comunicación y además, que sabes hacerlo en el momento oportuno.

- Con 10 + 10: ¿Estás seguro/a de no haberte equivocado ... o haber hecho trampas?

(*Mía, Nº 163*)

Y ahora, comenta las respuestas con tus compañeros.

PREGUNTAS

1. ¿Estás de acuerdo con el resultado de la prueba? ¿Por qué?

2. ¿Cuándo utilizas normalmente el teléfono: para llamar amigos y simplemente charlar un rato o cuando es estrictamente necesario?

3. ¿Pasas largo tiempo en el teléfono?

4. ¿Prefieres recibir llamadas de tus amigos o tomar tú la iniciativa y llamarlos?

5. ¿Tienes un teléfono en tu habitación?

6. ¿Se crean situaciones difíciles con tu familia, por ejemplo con tus padres o hermanos, por el uso del teléfono?

Explica y da ejemplos cuando sea posible.

ENCUENTROS

1   Una llamada

Miguel Salas, un estudiante puertorriqueño, recibe una llamada de su amiga Barbara Kay, de Nueva York.

MIGUEL   ¿Sí?

BARBARA   Buenas noches, quisiera hablar con Miguel por favor.

MIGUEL   Sí, soy yo.

BARBARA   ¡Hola Miguel! No te había reconocido. Soy Barbara Kay, de Nueva York.

MIGUEL   ¡Barbara, qué sorpresa! ¿De dónde estás llamando?

BARBARA   De Nueva York. ¿Cómo estás?

MIGUEL   Muy bien, y con muchos deseos de verte. ¿Cuándo vienes por aquí?

BARBARA   Por eso te llamo precisamente. Iré otra vez con mis padres a San Juan y me encantaría verte. Estaremos allí dos semanas.

MIGUEL   ¡Fantástico! ¿Y cuándo llegas?

BARBARA   El viernes de la semana que viene. Nos quedaremos en el Hotel Plaza, el mismo hotel donde estuvimos el año pasado. Recuerdas dónde está, ¿verdad?

MIGUEL   Sí, por supuesto que sí.

BARBARA   Creo que estaremos allí a eso de las 6.00 ó 7.00 de la tarde. Puedo llamarte antes de las 9.00 para que salgamos. ¿Te parece bien?

MIGUEL   Estupendo. Esperaré tu llamada. ¡Y qué tengas un buen viaje!

BARBARA   Gracias, Miguel. Hasta pronto.

MIGUEL   Hasta pronto, Barbara.

NOTAS

Con muchos deseos de verte.	(I'm) looking forward to seeing you.
por eso	that's why
la semana que viene	next week

2   ¿Sabes quién ha llamado?

Miguel llama a su amigo Julio para contarle de la llegada de Barbara.

JULIO   ¿Sí?

MIGUEL   Hola, Julio. Soy Miguel. ¿A qué no sabes quién me ha llamado anoche?

JULIO   ¿Quién?

MIGUEL   Barbara.

JULIO   ¿Barbara? ¿Qué Barbara?

MIGUEL   Barbara Kay. ¿No te acuerdas de ella? La chica americana que conocimos el año pasado.

JULIO   Sí, sí, por supuesto que me acuerdo de ella. ¿Y cómo está?

MIGUEL   Muy bien. Me ha llamado para decirme que viene otra vez a San Juan.

JULIO   ¡No me digas! ¿Y cuándo llega?

MIGUEL	El viernes de la semana próxima. Viene con sus padres y dice que se quedará aquí dos semanas. Estarán en el Hotel Plaza.
JULIO	Me encantaría verla. Es una chica muy simpática.
MIGUEL	¡Y muy linda!
JULIO	Ya lo creo. ¿Y cuándo la verás?
MIGUEL	Bueno, dijo que me llamaría cuando llegara. Yo te avisaré para que salgamos juntos. Podríamos invitar también a Isabel. Estoy seguro de que se llevarán muy bien, ¿no crees tú?
JULIO	Buena idea. No dejes de llamarme. Oye, ¿y qué vas a hacer tú esta tarde?
MIGUEL	Nada especial, ¿por qué?
JULIO	¿Por qué no te pasas por casa un rato? Me ha llegado la nueva computadora y quiero que la veas. Tú entiendes más de eso que yo.
MIGUEL	Bueno, pasaré por allí después de las 6.00.
JULIO	De acuerdo.
MIGUEL	Hasta luego.
JULIO	Hasta luego.

NOTAS

a qué no sabes	I bet you don't know
¡No me digas!	You don't say!
Ya lo creo.	Sure, certainly.
Yo te avisaré.	I'll let you know.
Se llevarán muy bien.	They'll get along very well.
No dejes de llamarme.	Don't forget to call me.
¿Por qué no te pasas por casa …?	Why don't you come by my house …?

3 | La llegada

Barbara llega al Hotel Plaza con sus padres y muy pronto llama a su amigo Miguel.

MIGUEL   ¿Diga?

BARBARA   ¿Miguel?

MIGUEL   Sí, soy yo. ¿Eres tú, Barbara?

BARBARA   Sí, hola Miguel. ¿Cómo estás?

MIGUEL   Muy bien. Estaba esperando tu llamada. ¿A qué hora has llegado?

BARBARA   Hace un par de horas solamente. He descansado un rato antes de llamarte. Estaba cansadísima, pues esta mañana he tenido que levantarme muy temprano. Tenía mucho que hacer. Pero ya me siento mejor y estoy feliz de estar aquí. Tú sabes que San Juan me encanta y tengo muchas ganas de verte.

MIGUEL   Yo también. ¿Qué tal si nos vemos esta noche? Podríamos salir a bailar. Conozco un lugar nuevo que es estupendo. Estoy seguro de que te gustará.

BARBARA   ¡Fantástico! ¿Por qué no vienes a buscarme a las 10.00?

MIGUEL   Perfecto. A las 10.00 en punto estaré allí.

BARBARA   Bueno. Te esperaré abajo. Hasta pronto.

MIGUEL   Hasta pronto.

NOTAS

Tengo muchas ganas de verte.	I'd very much like to see you.
¿Qué tal si nos vemos …?	What about seeing each other …?
a las 10.00 en punto	at 10 o'clock sharp

y ahora tú

1. Vas a viajar a un país de habla española donde tienes un amigo a quien has conocido a través de correspondencia. Llamas por teléfono a tu amigo para darle una sorpresa y contarle que pronto viajarás allí para conocerlo personalmente.

   Tu amigo te ha invitado a que te quedes en su casa, con su familia. Agradécele la invitación y dale toda la información necesaria: la fecha del viaje, el número del vuelo y la línea en que viajarás, la hora de llegada, cuánto tiempo te quedarás, etc. Tanto tú como tu amigo expresan alegría por el hecho de que después de tanto tiempo podrán conocerse personalmente. Tu amigo te dice que irá a buscarte al aeropuerto. Tú aceptas encantado y le agradeces su amabilidad.

FRASES Y PALABRAS ÚTILES

quisiera/podría hablar con ...

pasar unos días, ir de vacaciones, quedarse
(diez días/una semana, etc.)

el vuelo sale de ... llega a

te lo agradezco (agradecer), tengo muchas
ganas de .../tengo muchos deseos de ...

2. El avión en que viajabas ha llegado con una hora y media de retraso, pero tu amigo estaba allí esperándote. Tú lo reconoces por la
foto que te había enviado y te acercas a saludarlo expresando la
alegría que sientes de conocerlo personalmente. Él te saluda muy
amistosamente y te pregunta sobre tu viaje. Tú le explicas la razón
del retraso (un desperfecto técnico o el mal tiempo). Tu amigo se
ofrece amablemente para llevar tu equipaje y te dice que ha venido
a buscarte en el coche de su padre. Te llevará directamente a su
casa, que está a una hora del aeropuerto, para que conozcas a sus
padres y sus hermanos. Tú manifiestas tu interés por conocerlos
también y le dices que tus padres, lo conocen a través de fotos, le
envían muchos recuerdos y que les encantaría que él los visitara
también algún día. Tu amigo dice que estaría encantado de hacerlo.

FRASES Y PALABRAS ÚTILES

¡Qué gusto de verte!/tenía muchas ganas de
conocerte personalmente/¡qué alegría
encontrarnos al fin!

llegar con retraso ... debido a/a causa de

¿Quieres que te lleve ...?/deja que te lleve/
ayude .../déjame llevar ...

las maletas pesan bastante/mucho

enviar recuerdos/saludos

les encantaría/gustaría mucho que ..., me
encantaría/gustaría mucho ...

3. Después de un par de días en casa de tu amigo llamas por teléfono a alguien a quien conociste una vez en unas vacaciones en tu país. Esa persona sólo habla español. Dile quién eres, qué haces en su país, cuánto tiempo te quedarás y manifiesta tu interés por encontrarte con él. Él se sorprende de saber de ti y acepta encantado un encuentro. Tú y él acuerdan día, hora y lugar en que se verán.

FRASES Y PALABRAS ÚTILES

¿te acuerdas de mí ...? (acordarse de), nos conocimos en ...

¿qué te parece si ...?, me gustaría mucho ...

¿te va bien el (lunes) a las (3.00)?/podríamos quedar a las (6.00) en .../¿qué día (hora) te conviene más?

---

4. El amigo en cuya casa estás ha aceptado tu invitación a pasar unos días contigo y tu familia en tu ciudad. Comenta con él sobre las actividades que se pueden realizar y los lugares que se pueden visitar en la ciudad. Averigua qué le interesa a tu amigo en especial y sugiere ideas para pasar el tiempo.

FRASES Y PALABRAS ÚTILES

Podríamos ir a/visitar/salir a/recorrer (la ciudad)/conocer

¿Qué te gustaría hacer?/¿dónde te gustaría ir?/¿qué sitios te interesaría conocer?

me interesa/me interesaría

5. Y ya que de encuentros hablamos, ¿cómo reaccionas tú frente a los extraños? Responde a la siguiente prueba publicada por una revista chilena y después comenta las respuestas con tus compañeros. El vocabulario lo encontrarás al final del libro.

Acepto a los extraños

Para muchas personas, conocer gente nueva es difícil. Les cuesta conversar con desconocidos y desconfían de los extraños.

Contesta a las siguientes situaciones de acuerdo con tu experiencia o según cómo crees que actuarías. Sigue las instrucciones.

1. Debes hacer un largo viaje. Tu compañero de asiento te dialoga.
   A Conversas y así el viaje se hace más corto y más entretenido.
   B Conversas algunos minutos y te disculpas para dormir o leer.
   Si contestaste A pasa a la pregunta 2.
   Si contestaste B pasa a la pregunta 3.

2. Te encuentras varias veces con la misma persona en diferentes lugares. Ella se acerca y te habla.
   A Piensas que conocerla puede resultar interesante.
   B Intercambias unas palabras, pero te retiras. Estás incómodo/a.
   Si contestaste A pasa a la pregunta 4.
   Si contestaste B pasa a la pregunta 5.

3. En el metro ves a alguien que conoces muy superficialmente.
   A Le saludas e intercambias algunas palabras amables.
   B Finges no verle, pues no sabrías qué hablar.
   Si contestaste A pasa a la pregunta 7.
   Si contestaste B pasa a la pregunta 6.

4. Un extraño te habla y te dice que fueron compañeros de curso. No lo recuerdas, aunque te parece familiar.
   A Finges acordarte y hablas tratando de hacer memoria.
   B Le preguntas sobre datos y compañeros para poder recordar.
   Si contestaste A perteneces al Grupo 1.
   Si contestaste B perteneces al Grupo 2.

5. Tu hijo/a está saliendo con alguien y por primera vez el/la joven va a casa.

   A Conversas con él/ella para conocerlo/la y saber qué hace, dónde vive, quiénes son sus padres.

   B Lo/la saludas y te vas. Prefieres preguntarle sobre él/ella a tu hijo/a.

   Si contestaste A perteneces al Grupo 3.

   Si contestaste B perteneces al Grupo 4.

6. Una persona te invita a comer para presentarte a sus padres.

   A Te disculpas, pues te resulta incómoda la situación.

   B Aceptas solicitando la mayor información para saber exactamente a lo que vas.

   Si contestaste A perteneces al Grupo 4.

   Si contestaste B perteneces al Grupo 3.

7. Te invitan a un almuerzo dominical con varios desconocidos.

   A Te acercas a ellos para conocerlos y saber qué hacen.

   B Conversas animadamente e intentas charlar con todos.

   Si contestaste A perteneces al Grupo 2.

   Si contestaste B perteneces al Grupo 1.

RESULTADOS

Grupo 1: Eres una persona abierta a los demás. Como te das a conocer te haces de amigos con facilidad. En general, tu actitud hacia los extraños es hospitalaria.

Grupo 2: Te acercas sin temor a las personas. Te gusta conocer diversas personalidades. Te interesa lo que cuentan sobre sus vidas. Eres un/a incesante conocedor/a de personas. Prefieres hacer preguntas antes que contestar.

Grupo 3: No te sientes muy hábil socialmente. A menudo no sabes cómo debes comportarte con extraños. Te incomoda. Por lo mismo, te ven como cauteloso/a en los contactos interpersonales con desconocidos.

Grupo 4: Posees pocos amigos pues, generalmente, rehúyes las reuniones sociales. Prefieres la intimidad y los grupos pequeños. En general, prefieres la soledad porque eres introvertido/a y un poco inseguro/a en lo social.
(Armando Ortiz Parraguez, Revista Ya, El Mercurio, Chile)

Y ahora comenta con tus compañeros:
¿Qué opinión te merece el resultado de la prueba en lo que a ti respecta? ¿Estás de acuerdo? ¿Por qué?
¿Cómo eres tú en tus relaciones con extraños? ¿introvertido/a? ¿extrovertido/a? ¿amistoso/a? ¿poco amistoso/a? ¿cauteloso/a? ¿sociable? ¿poco sociable? Explica y da ejemplos.

6. Trabaja con dos o tres compañeros de clase. Preparad una prueba sobre la amistad. Podéis preguntar el número de amigos íntimos, el número de amigos de otros paises, si tiene amigos en otras ciudades, cómo mantiene en contacto con esos amigos, etc. Luego entrevistad a algunas personas. Con los resultados de las entrevistas elaborad un informe en español y presentadlo en clase.

FRASES Y PALABRAS ÚTILES

¿Cuántos amigos íntimos tiene?

¿Tienes amigos en otra ciudad? ¿En otro país? ¿Cuáles? ¿Cuántos?

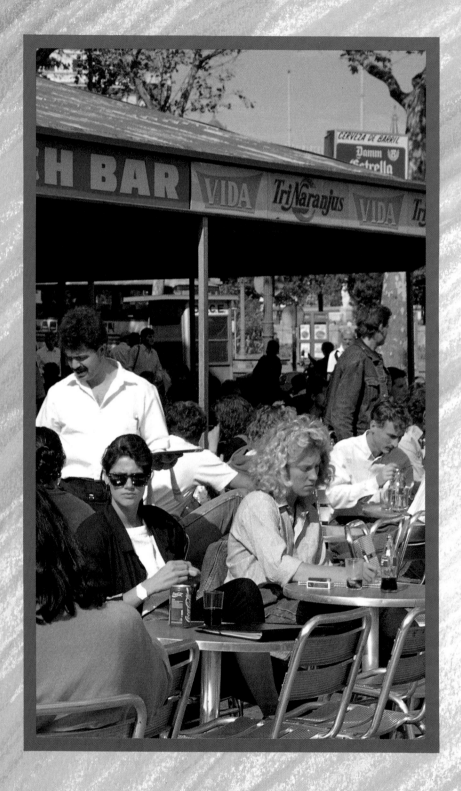

9

PRESENTACIONES

1   Entrevista con Antonio

María Cristina Ríos, periodista de una revista española, tiene que escribir un reportaje sobre el tema de la juventud. María Cristina realiza una serie de entrevistas con jóvenes madrileños, entre ellos Antonio Montes, dependiente y estudiante de informática. He aquí parte de la entrevista con Antonio.

M. CRISTINA	Hola, ¿cómo te llamas?
ANTONIO	Me llamo Antonio Montes.
M. CRISTINA	¿Cuántos años tienes, Antonio?
ANTONIO	Tengo veintidós años.
M. CRISTINA	¿Y a qué te dedicas?
ANTONIO	Pues, trabajo de dependiente en una tienda del barrio y por la noche estudio informática en un instituto que está en el centro de Madrid.
M. CRISTINA	¿Con quién vives?
ANTONIO	Vivo con mi madre y dos hermanos menores. Tenemos un pequeño piso en la calle de Zamora.
M. CRISTINA	¿No te gustaría independizarte, vivir solo o con amigos, por ejemplo?

ANTONIO   La verdad es que hasta ahora ni siquiera me lo he planteado. No tengo suficiente dinero como para alquilar un piso. Por lo demás, tengo que ayudar económicamente a mi madre y a mis hermanos. Mi madre es viuda y sólo dispone de una pequeña pensión y mis dos hermanos aún no han terminado sus estudios. Pero dentro de un par de años, quizá sí, me gustaría vivir de manera más independiente ...

NOTAS

¿A qué te dedicas?	What (work) do you do?/what do you do for a living?
¿No te gustaría independizarte?	Wouldn't you like to become independent?
Ni siquiera me lo he planteado.	I haven't even considered it/ thought about it.
por lo demás	besides, moreover
Sólo dispone de ...	She only has ...

2   Entrevista con Ana

En esta segunda entrevista, María Cristina habla con Ana Romero, estudiante universitaria.

M. CRISTINA   Hola, ¿qué tal? ¿Cómo te llamas?

ANA   Me llamo Ana Romero.

M. CRISTINA   ¿Qué edad tienes, Ana?

ANA   Veinte años. Los acabo de cumplir.

M. CRISTINA   ¿Y qué haces? ¿Estudias o trabajas?

ANA   Estudio. Estoy haciendo el segundo año de
           Económicas en la Universidad de Madrid.

M. CRISTINA ¿Vives con tus padres?

ANA   Pues no, mi familia vive en Burgos. Comparto un
           piso con unas amigas de la universidad. Somos
           cuatro, pero el piso es bastante grande y no nos
           resulta muy caro. Compartimos todos los gastos.

M. CRISTINA ¿No extrañas tu casa, tu familia?

ANA   En un principio sí, los extrañaba mucho, pero ya me
           he acostumbrado y ahora estoy muy contenta de
           vivir independientemente. De vez en cuando voy a
           Burgos para visitar a mis padres y a mis hermanos.

M. CRISTINA ¿Y qué tal te va en la universidad?

ANA   Pues, nada mal. Estoy haciendo una carrera que me
           gusta y que tiene mucho futuro. Creo que una vez
           que termine mis estudios no me será difícil encontrar
           trabajo.

NOTAS

Los acabo de cumplir.	I've just had a birthday./I've just turned (20).
económicas	short for *ciencias económicas*, economics
Comparto un piso.	I share an apartment.
¿No extrañas …?	Don't you miss …?
en un principio	at the beginning
de vez en cuando	from time to time
¿Y qué tal te va …?	And how is it going …?
nada mal	not bad at all
una vez que termine	once I finish

3 Entrevista con Roberto

María Cristina entrevista a Roberto Díaz, estudiante de bachillerato.

M. CRISTINA   ¿Cómo te llamas?

ROBERTO   Roberto.

M. CRISTINA   ¿Y cómo te apellidas, Roberto?

ROBERTO   Díaz. Roberto Díaz Plaza.

M. CRISTINA   ¿Cuántos años tienes?

ROBERTO   Voy a cumplir dieciséis años en octubre.

M. CRISTINA   Por tu acento no pareces ser español. ¿De dónde eres?

ROBERTO   Soy mexicano, de Guadalajara.

M. CRISTINA   ¿Y por qué estás en España?

ROBERTO   Bueno, mi padre es periodista y fue enviado aquí como corresponsal de un periódico. Llevamos tres años en Madrid.

M. CRISTINA   ¿Cuándo volveréis a México?

ROBERTO   Aún no lo sabemos. Es posible que nos quedemos otros dos años, hasta que yo termine mis estudios de bachillerato en el instituto donde estoy actualmente.

M. CRISTINA   ¿Y qué tal te va en el instituto?

ROBERTO   Hasta ahora muy bien. Tengo buenas notas, especialmente en idiomas y en historia.

M. CRISTINA   ¿Piensas ir a la universidad cuando vuelvas a México?

ROBERTO   Sí, me gustaría estudiar Derecho.

NOTAS

¿Cómo te apellidas?	What's your last name?
Por tu acento …	(Judging) From your accent …
Llevamos tres años en Madrid.	We've been in Madrid for three years.
el bachillerato	high school/secondary school studies
el instituto	institute: a high school
Tengo buenas notas.	I have good grades/marks.

4 Entrevista con Gloria

María Cristina entrevista a Gloria Moreno, estudiante de bachillerato.

M. CRISTINA   ¿Cómo te llamas?

GLORIA   Me llamo Gloria Moreno.

M. Cristina	¿Eres de Madrid, Gloria?
Gloria	Nací en Salamanca, pero vivo en Madrid desde hace cuatro años.
M. Cristina	¿Qué edad tienes, Gloria?
Gloria	Tengo quince años.
M. Cristina	Todavía estudias, ¿verdad?
Gloria	Sí, estoy haciendo el bachillerato. Me faltan tres años para terminar.
M. Cristina	¿Podrías hablarme de tu familia?
Gloria	Bueno, mi padre se llama Agustín y tiene, si no me equivoco, cuarenta y cinco años. Mi madre se llama Dolores y tiene cuarenta y un años. Tengo dos hermanos, Mario, de catorce años, y una hermana mayor, Mercedes, que tiene dieciocho.
M. Cristina	¿Y cómo te llevas con tus hermanos?
Gloria	Nos llevamos bastante bien, en general. A veces tenemos nuestras pequeñas discusiones o peleas, pero, vamos, nada serio. Con mi hermana, especialmente, me llevo estupendamente bien. A menudo salimos juntas.
M. Cristina	¿Tienes novio?
Gloria	Sí, se llama Javier y tiene tres años más que yo. Nos conocimos el año pasado. Javier está haciendo el primer año de ingeniería en la universidad. Nos entendemos muy bien.
M. Cristina	¿Y a qué se dedica tu padre?
Gloria	Trabaja en el ramo de la hostelería. Tiene un restaurante aquí en Madrid y otro en Toledo.
M. Cristina	¿Y tu madre?
Gloria	Ella es profesora de música. Trabaja en un instituto en las afueras de Madrid.

M. CRISTINA ¿Piensas ir a la universidad una vez que termines el bachillerato?

GLORIA Pues no, me gustaría hacer un curso de hostelería y trabajar con mi padre. Es una actividad que me gusta mucho, pero todavía es muy pronto para decidir. Ya veremos ...

NOTAS

Vivo en Madrid desde hace cuatro años.	I've been living in Madrid for four years.
Me faltan otros tres años para terminar.	I've got three more years before I finish.
Si no me equivoco ...	If I'm not wrong ...
¿Y cómo te llevas con ...?	And how do you get along with ...?
tener discusiones	to have arguments/to argue
pero, vamos, nada serio	but, well/you know, nothing serious
nos conocimos	we met
Nos entendemos muy bien.	We get along very well.
la hostelería	hotel and catering business
Ya veremos.	We'll see.

y ahora tú

1. Imagina que a ti te está entrevistando una periodista de habla española que está preparando un artículo sobre la juventud de tu país. Aparte de pedirte información personal (nombre, edad, actividad a la que te dedicas), la periodista te preguntará acerca de tu familia (sus edades, las actividades que realizan y el grado de independencia que tienes con respecto a ellos, cómo te llevas con tus hermanos), tus planes futuros en lo que respecta a estudios/trabajo, etc. Contesta a sus preguntas en la forma más completa posible.

FRASES Y PALABRAS ÚTILES

¿en qué trabajas?/¿qué haces?/¿a qué te
dedicas?/¿qué estudias?

ser (muy/poco) independiente/tener
(mucha/poca) independencia/ depender
(económicamente) de ...

¿qué planes tienes?/¿qué piensas hacer?/¿qué
vas a hacer?

2. Ahora tú llevas a cabo una entrevista. Prepara una serie de preguntas sobre el mismo tema (similares o diferentes a las anteriores) y hazlas a un compañero. Una vez que termines la entrevista, prepara un informe oral que presentarás a los otros estudiantes de la clase o a un grupo de tus compañeros.

FRASES Y PALABRAS ÚTILES

(nombre del/de la compañero/a) tiene
(edad)

vive con ... en ...

su padre/madre trabaja en .../es .../se
dedica a ...

tiene (dos/tres) hermanos/as

el mayor/menor se llama ... y tiene ...
(edad)

según (nombre), tiene bastante/mucha
independencia con respecto a ...

se lleva (muy) bien/mal con (sus padres/
hermanos)

a (nombre) le gustaría ...

(nombre) piensa (estudiar/trabajar)/tiene
intenciones de ...

3. Entrevista en inglés o en español, según el caso, a una persona de tu escuela, universidad, barrio o ciudad. Toma nota de la información o usa tu magnetofón para grabar la entrevista. Presenta luego un informe oral en español a tus compañeros de la clase con la información personal que has obtenido.

FRASES Y PALABRAS ÚTILES

he entrevistado a ...

me pareció interesante entrevistar a (esta persona) porque ..., su vida es interesante ya que ...

(nombre) me habló sobre ... (su vida/su familia/su trabajo/sus estudios, etc.)

según manifestó/declaró/comentó/dijo ...

una de las cosas que más me llamó la atención fue .../llama la atención el hecho de que .../es interesante notar que ...

(nombre) hizo sus estudios de enseñanza media en .../estudió en ..., en (año) ingresó en ... (la universidad/una empresa/una firma, etc.)

(nombre) se casó con ..., tuvo (dos/tres) hijos, se divorció/se volvió a casar

---

4. Lee este breve artículo publicado por una revista española sobre el tema de la independencia de los jóvenes con respecto a los padres. Observa las comparaciones que se hacen en el artículo entre los jóvenes españoles y los europeos y americanos. ¿Estás de acuerdo con lo que dice el autor del texto sobre la juventud americana y europea? Lee el artículo y coméntalo con un grupo de compañeros o con toda la clase.

Vivir con mamá a los 30, una moda impuesta por las circunstancias

En España es muy normal que los jóvenes de 25 a 30 años e incluso de más edad vivan aún con los padres, hecho insólito para otras culturas, como las europeas o la americana. Allí los jóvenes no suelen quedarse con sus padres más allá de los 20 años. Esta permanencia prolongada, en opinión de algunos sociólogos y psicólogos, puede provocar sentimientos de inferioridad. Los padres tampoco se sienten muy felices.

En Estados Unidos, cuando un chico cumple los 18 años e inicia sus estudios universitarios se marcha de casa. Normalmente suele matricularse en una universidad que queda lejos de su ciudad e incluso fuera de su estado. Las chicas y muchachos americanos emigran de sus casas a una edad temprana, en la mayoría de los casos para siempre, pues si acaso regresan a su ciudad para trabajar, vivirán solos en un apartamento, o en el peor de los casos compartiéndolo con algún amigo.

En España esa mentalidad independentista se inició años atrás, pero se ha truncado. Alfonso de Hohenlohe, 30 años, aristócrata y conspicuo representante de la jet set española, piensa que vivir con los padres resulta más cómodo. Él aún comparte techo con su madre y afirma "mi relación con ella es perfecta, tiene una mentalidad jovencísima y es fácil convivir con ella, si no, no dudaría en vivir solo. Desde luego es más cómodo vivir en familia porque no te tienes que preocupar de nada, ahorras y tienes independencia, como es mi caso. La casa además es amplia y confortable".

Para el español Alfonso Ibáñez, administrativo, 33 años viviendo con sus padres, esa es otra historia. Él sigue todavía viviendo en la casa que le vio nacer y eso le supone una carga difícil de llevar. "La situación —dice— es a menudo exasperante, notas una asfixia que impide desarrollar tu personalidad. No se trata, por supuesto, de que a mis 33 años me limiten la libertad, sino que uno necesita más que un cuarto de tres por dos en donde tener su propia intimidad."

Falta de espacio.—Este sentimiento es compartido por muchos de los que viven con los padres pasados los 20. La falta de independencia y la ausencia de un espacio propio donde tener relaciones íntimas son las mayores y más dolorosas inconveniencias que apuntan todos aquéllos que padecen esta situación.

Dulce confort.—Hay que referirse a la cuestión económica como principal responsable de esta situación. Entre los 16 y 29 años el paro alcanza la inquietante cifra de 40 por 100. Sin un salario que recibir mensualmente es imposible pensar en independizarse, al menos aquí en España.

Pero no siempre se vive con los padres por obligación. Hay algunos que, simplemente, prefieren el dulce confort de la familia en lugar de arreglárselas solos. La casa familiar se convierte así para unos en una cómoda y barata pensión en donde no hay que preocuparse por hacer la comida o lavar la ropa; vivir solos, aparte de caro, a veces se vuelve incómodo. Así piensa la hija del tenor Alfredo Kraus, Patricia, de 24 años, cantante: "Sí, me gustaría tener una casa, pero esto no ocurrirá hasta que tenga dinero suficiente para independizarme. Ahora sería un desastre porque no tendría tiempo para hacer la compra, cocinar, o planchar, ni dinero para una asistenta."

(Tiempo Nº 316)

Y ahora, ¿qué piensas tú?

PREGUNTAS

1. ¿Crees que es una buena idea vivir con los padres pasados los dieciocho o veinte años? ¿Por qué? ¿Qué opinan tus compañeros?

2. ¿Qué ventajas/desventajas presenta el vivir con los padres/solo/con amigos(as)?

3. ¿Qué opinas sobre los comentarios que hacen en el artículo Alfonso de Hohenlohe, Alfonso Ibáñez, Patricia Kraus? ¿Con quién simpatizas más? ¿Por qué?

4. ¿Cuál es tu situación en especial? ¿Vives solo(a)/con tu familia/con amigos(as)? ¿Prefieres vivir así? Explica e intercambia ideas con tus compañeros.

10

VIDA DIARIA

1 Vivir en la ciudad

Unos jóvenes cuentan a Ana Villa, periodista de una revista dedicada a la juventud, cómo es su vida en una gran ciudad. La primera entrevista es con Isabel Herrera, de 28 años.

ANA   ¿A qué te dedicas, Isabel?

ISABEL   Soy vendedora de una firma de productos de belleza.

ANA   ¿Y desde cuándo trabajas en eso?

ISABEL   Desde hace unos cuatro años. Antes era secretaria, pero era una actividad que no me gustaba nada y decidí dejarla. Tuve la suerte de encontrar este trabajo a través de un periódico y no tengo intenciones de dejarlo. Me siento muy a gusto.

ANA   ¿Tienes un horario fijo?

ISABEL   No, pero por lo general llego a la oficina a las 9.30 de la mañana y no regreso a casa hasta las 5.00 de la tarde. Depende del trabajo que haya. Hay días en que termino antes, pero son excepciones.

ANA   ¿Tienes alguna otra actividad?

ISABEL   Bueno, dos veces por semana voy a un gimnasio que está cerca de casa, para mantenerme en forma. Pero, aparte de eso, no podría hacer nada más. Estoy casada y tengo dos hijos. Afortunadamente tengo una muchacha que viene a ayudarme de lunes a viernes. Ella se encarga de la cocina y de la limpieza y de ir a buscar a los niños al colegio.

ANA   ¿Estás satisfecha con tu situación?

ISABEL La verdad es que no me puedo quejar. Trabajando los dos, mi marido y yo, ganamos un sueldo que nos da lo suficiente para vivir y darnos algunos pequeños lujos. Tenemos carro y salimos de vacaciones de vez en cuando. Claro, la vida está cada vez más difícil. Los precios suben día a día y tenemos que medirnos mucho en los gastos. Pero hasta ahora, gracias a Dios, las cosas han ido bien.

NOTAS

¿A qué te dedicas?	What do you do?
los productos de belleza	cosmetics
Me siento muy a gusto.	I feel very happy/at ease.
para mantenerme en forma	to keep in shape
No me puedo quejar.	I can't complain.
Tenemos que medirnos mucho en los gastos.	We have to be very careful with our expenses.

2 ¿Qué estudias?

Ana entrevista a Cristóbal Salas, de 23 años.

ANA   Hola, Cristóbal. ¿Qué tal?

CRISTÓBAL   Hola.

ANA   Tú eres estudiante, ¿verdad?

CRISTÓBAL   Sí, estudio Derecho en la Universidad Central.

ANA   ¿Por qué decidiste estudiar Derecho?

CRISTÓBAL   Bueno, creo que en ello influyó un poco mi familia, especialmente mi padre. Él es abogado.

ANA   ¿Te gusta la carrera, entonces?

CRISTÓBAL La encuentro fascinante. Además, el contar con el
           apoyo de mi padre me ha ayudado muchísimo.

ANA   ¿Cuál es tu horario habitual?

CRISTÓBAL Las clases empiezan a las 9.00 de la mañana y
           generalmente terminan a la 1.00. A veces vuelvo a casa
           a almorzar, pero por lo general almuerzo en la
           universidad con algunos de mis compañeros. A veces
           tenemos clase también por la tarde, pero normalmente
           me voy a la biblioteca a estudiar.

ANA   Y cuando vuelves a casa, ¿qué haces?

CRISTÓBAL   A mí me encanta la música, la música de todo tipo, y la lectura, de modo que a menudo subo a mi cuarto para escuchar música y leer.

ANA   ¿Qué tipo de lectura prefieres?

CRISTÓBAL   Principalmente novela y poesía. Entre los novelistas, prefiero a los latinoamericanos. Los he leído casi todos. García Márquez es mi favorito.

ANA   ¿Qué estás leyendo ahora?

CRISTÓBAL   He empezado a leer otra vez *Cien años de soledad.* Es un libro fascinante.

NOTAS

■■■■■

Tú eres estudiante, ¿verdad?	You're a student, aren't you?
el Derecho	Law
el contar con el apoyo de mi padre	having my father's support
de modo que	so that
Cien años de soledad	*One hundred years of solitude* (by the Colombian writer García Márquez)

3   Entrevista con Eugenio Morales, 35 años

ANA   ¿Cuál es tu profesión, Eugenio?

EUGENIO   Trabajo en el ramo de la hostelería.

ANA   ¿Qué haces, concretamente?

EUGENIO Dirijo una pequeña empresa dentro del área de la alimentación. Nos encargamos específicamente de la administración de restaurantes de empresas, por ejemplo fábricas, bancos. También atendemos colegios, universidades y algunos servicios públicos y trabajamos, además, con particulares en la provisión de alimentos para eventos tales como banquetes, bodas y todo tipo de celebraciones.

ANA ¿Cómo es un día normal para ti?

EUGENIO Bueno, mis actividades son muy variadas, pero hay cosas que se repiten cada día. Por lo general me levanto muy temprano y después de desayunar con mi mujer hago un recorrido de los distintos lugares donde trabajamos. Superviso generalmente yo mismo los menús que se van a servir durante el día, veo que no falte nada y empiezo a organizar la compra de provisiones para el día siguiente. Ciertos productos tienen que comprarse a último momento para que estén frescos. Otros, naturalmente, pueden conservarse congelados. El pan, por ejemplo, hay que comprarlo el mismo día.

ANA ¿A qué hora llegas a casa normalmente?

EUGENIO Nunca antes de las 7.00 ó 8.00 de la noche. Mi mujer casi siempre me espera para cenar, después nos sentamos a conversar un rato. Generalmente nos acostamos antes de las 11.00, a no ser que haya algún programa bueno en la televisión, pero eso ocurre rara vez.

NOTAS

el ramo de la hostelería	the hotel and catering business
Atendemos colegios.	We serve schools.
Hago un recorrido.	I go around.
Veo que no falte nada.	I see that there's nothing missing.
a no ser que haya …	unless there is …; notice the use of the subjunctive after the phrase *a no ser que*.

4 Entrevista con Juan Luzzi Montes de Oca, 24 años

ANA   ¿En qué trabajas?

JUAN Soy profesor de inglés. Trabajo en un colegio privado y en un instituto de lenguas para adultos.

ANA   ¿Qué horario tienes?

JUAN Trabajo en el colegio desde las 9.00 hasta la 1.00 de la tarde y después me voy a casa a almorzar. A las 3.30 llego al instituto y allí doy clases hasta las 7.00 de la tarde.

ANA   ¿Te gusta tu trabajo?

JUAN Sí, me gusta mucho, porque me agrada estar en contacto con las personas. No es un trabajo rutinario y te obliga a superarte siempre. A veces es un poco agotador, pero deja la sensación de estar haciendo algo útil.

ANA   ¿Tienes alguna otra actividad aparte de tu trabajo?

JUAN   Sí, participo en un coro. Ensayamos dos veces a la semana y de vez en cuando hacemos presentaciones.

ANA   ¿Y en tu tiempo libre, qué haces?

JUAN   Bueno, generalmente voy a casa de mi novia. Allí conversamos, escuchamos música, a veces vemos televisión, si hay algún programa bueno, o salimos al cine o a caminar, si el tiempo está agradable y no estamos muy cansados.

ANA   Y los fines de semana, ¿a qué te dedicas?

JUAN   Me levanto casi siempre a eso de las 9.00, tomo un buen desayuno y salgo a correr por el parque que hay enfrente de mi casa. Normalmente almuerzo con mi novia y su familia. Después paseamos en bicicleta, y cuando hace calor vamos a la playa.

ANA   ¿Eres un buen nadador?

JUAN   No, soy un pésimo nadador. Mi novia nada muy bien. Como deporte prefiero el tenis. Dicen que soy un buen jugador.

ANA   Aparte del tenis, ¿tienes algún hobby?

JUAN   Sí, me gusta tocar la guitarra y cantar.

NOTAS

el horario	schedule
dar clases	to teach (also, *enseñar*)
Me agrada.	I like it (less frequent and colloquial than *me gusta*).
Te obliga a superarte.	It forces you to do better.
agotador	tiring
ensayamos	we rehearse
un pésimo nadador	a terrible/an awful swimmer

y ahora tú

1. Habla con otro compañero sobre tus actividades diarias: ¿Qué actividades realizas? ¿Cómo es un día normal para ti? ¿Qué haces cuando estás en casa? Y los fines de semana, ¿cómo empleas tu tiempo? ¿Estás satisfecho/a o contento/a con lo que haces? ¿Por qué? ¿Qué otras actividades te gustaría realizar? Hazle preguntas similares a tu compañero.

FRASES Y PALABRAS ÚTILES

por lo general/generalmente/normalmente

a veces/de vez en cuando

siempre, nunca, a menudo

despertarse, levantarse, bañarse, ducharse, peinarse, afeitarse, arreglarse

desayunar/tomar desayuno

salir de casa, llegar al colegio/a la universidad, empezar las clases, terminar las clases, volver/regresar a casa

almorzar, tomar la merienda, cenar

salir de paseo, salir a bailar, salir a tomar una copa, ir al cine/a la piscina/al teatro

jugar al tenis/al fútbol/balonvolea (Spain)/ boleivol (América)/rugby

nadar, correr, montar en bicicleta, montar a caballo

---

2. Da una breve charla delante de la clase o a un grupo de compañeros sobre la vida diaria de una persona que conoces: un familiar, un amigo, un conocido, con información similar a la anterior.

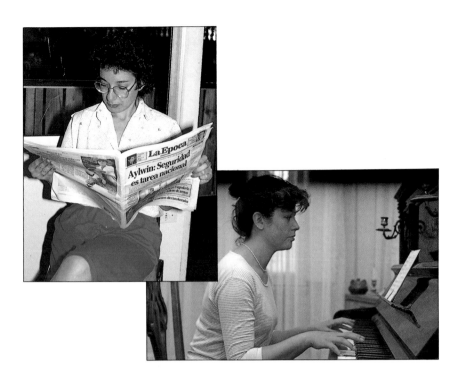

FRASES Y PALABRAS ÚTILES

trabaja en …/estudia en …

entra al trabajo a las … (hora)

sale del trabajo a las … (hora)

las clases empiezan a las (hora) y terminan a las (hora)

por la mañana/tarde/noche

leer, escuchar música, ver la televisión

ir a la playa, al campo, a la montaña

hacer deportes/practicar un deporte

3. Elige una profesión o actividad determinada — por ejemplo, la de un médico, abogado o profesor — o cualquiera otra carrera que te interese. Trata de entrevistar a un profesional que realice una de estas actividades y prepara con la información que obtengas una charla para presentar a la clase o a un grupo de tus compañeros.

Indica específicamente en qué consiste el trabajo del/de la profesional que has elegido. Por ejemplo:

- Médico/a:
  ir al hospital
  atender a los pacientes
  visitar enfermos
  hacer un reconocimiento
    médico
  recetar o prescribir un
    medicamento
  una receta (médica)
  operar
  realizar/hacer una operación

- Abogado/a:
  recibir a los clientes
  ir a los tribunales
  defender una causa
  resolver un pleito
  participar en un juicio
  tramitar herencias
  preparar contratos (por
    ejemplo de compraventa)
  representar a un cliente
  actuar en representación de
    (un cliente)

- Profesor/a:
  dar clases
  enseñar
  preparar clases
  corregir exámenes/pruebas
  dar una nota
  aprobar (a un alumno o
    estudiante), suspender
    (a un alumno o
    estudiante)
  asistir a reuniones

- Secretaria:
  leer la correspondencia
  responder/contestar a una
    carta
  escribir a máquina/
    mecanografiar
  tomar recados
  recibir y responder llamadas
    telefónicas
  levantar actas de reuniones
  fijar citas

4. Entrevista a algunas personas de tu comunidad y pregúntales acerca del grado de satisfacción que sienten con relación al trabajo que realizan. Estas preguntas te servirán como punto de partida:

---

a. ¿Qué grado de satisfacción siente con respecto al trabajo que realiza? Marque con una X.

Estoy muy satisfecho/a ☐   poco satisfecho/a ☐

bastante satisfecho/a ☐   insatisfecho/a ☐

b. ¿Por qué? _____

_____

_____

c. ¿Preferiría hacer otro trabajo?

Sí ☐   No ☐

d. (Si responde sí) ¿Qué tipo de trabajo o actividad? _____

_____ ¿Por qué? _____

_____

Con los resultados de las entrevistas elabora un informe en español y preséntalo oralmente a la clase o a un grupo de compañeros.

FRASES Y PALABRAS ÚTILES
trabajar mucho/demasiado, trabajar horas irregulares, trabajar los fines de semana
bien/mal pagado, un buen/mal sueldo
levantarse temprano
tener un buen/mal jefe, tener colegas buenos/simpáticos/antipáticos
recibir órdenes de otros
un trabajo duro, rutinario, creativo, útil

PIDIENDO Y DANDO INFORMACIÓN

1 En la oficina de la encargada

Gloria Simpson, una estudiante de habla inglesa, ha decidido hacer un curso de español avanzado para mejorar su dominio del idioma. En una escuela de lenguas de Madrid, Gloria habla con la encargada.

GLORIA　　Buenos días. Quisiera que me diera información sobre los cursos de español para extranjeros.

ENCARGADA　　Pues, tenemos cursos para principiantes y cursos intermedios y avanzados. Usted ya ha estudiado español antes, ¿verdad?

GLORIA　　Sí, he hecho cuatro años de español en mi país, pero como he venido a España a pasar el verano me interesaría hacer un curso avanzado. ¿Podría decirme qué duración tienen los cursos?

ENCARGADA　　Los cursos regulares son de cuatro semanas y empiezan el primer día de cada mes. Antes del ingreso hay un examen para determinar el nivel en que debe quedar. Pero en su caso, seguramente tendrá que inscribirse en el nivel avanzado.

GLORIA　　¿Y cuántas horas semanales son?

ENCARGADA El mínimo son quince horas a la semana, pero si usted desea tomar más horas, veinte o veinticinco, también puede hacerlo. Para los estudiantes que toman más de quince horas se organizan actividades extras, según los intereses de cada uno. Hay clases de conversación, de traducción, de español comercial, de literatura ... Hay varias opciones.

GLORIA ¿Qué precio tienen los cursos regulares?

ENCARGADA Cincuenta mil pesetas por las cuatro semanas. Los de veinte horas cuestan sesenta y cinco mil y los de veinticinco horas setenta y ocho mil. Le daré un folleto en que sale toda la información, así usted podrá elegir lo que le convenga más.

GLORIA Y el horario de clase, ¿cuál es?

ENCARGADA Esa información la encontrará también en el folleto. Hay diferentes horarios. La escuela funciona desde las nueve de la mañana hasta las ocho de la tarde. Aquí tiene usted el folleto. Si necesita alguna información que no esté en el folleto, llámenos o venga personalmente. Tendremos mucho gusto en atenderla.

GLORIA Muchas gracias.

ENCARGADA A usted.

NOTAS

■■■■■■■

el dominio del idioma	mastery of the language
cursos para principiantes	courses for beginners
cursos intermedios	intermediate courses
cursos avanzados	advanced courses
lo que le convenga más	what suits you best (what's more convenient for you)

2 Más preguntas a la encargada

Ian, otro estudiante extranjero, se acerca al despacho de la encargada.

IAN Buenos días.

ENCARGADA Buenos días. ¿Qué desea?

IAN Estoy inscrito en uno de los cursos de español aquí en la escuela y quisiera saber si ustedes podrían ayudarme a conseguir alojamiento. Actualmente estoy en una pensión, pero deseo cambiarme. Me resulta un poco caro.

ENCARGADA Bueno, sí. ¿Qué tipo de alojamiento busca usted? Podemos ponerlo con una familia española o en una residencia universitaria.

IAN ¿Cuáles son los precios?

ENCARGADA Los precios son casi los mismos. Si se queda con una familia tendrá que pagar dos mil pesetas por día. Ese precio incluye las tres comidas diarias y las comidas de viaje para las excursiones.

IAN ¿Y en una residencia universitaria?

ENCARGADA En una residencia le saldría cincuenta y cinco mil pesetas en habitación doble y cincuenta y ocho mil en habitación individual.

IAN   ¿Al mes?

ENCARGADA   Sí, al mes.

IAN   ¿También se incluyen las comidas?

ENCARGADA   Sí, las tres comidas diarias.

IAN   Creo que preferiría irme a una residencia universitaria. ¿Tienen habitaciones disponibles en este momento? Prefiero una individual.

ENCARGADA   Un momento, por favor, veré qué es lo que tenemos ...

NOTAS

estoy inscrito	I'm registered
el alojamiento	accommodations
Me resulta caro.	It's expensive for me.
disponible	available

3   Intercambio de información

En su primer día de clases, Gloria Simpson entabla conversación con José, un joven de habla española que estudia inglés en la misma escuela.

JOSÉ   Hola. ¿Qué tal?

GLORIA   Hola.

JOSÉ   ¿Cómo te llamas?

GLORIA   Me llamo Gloria. ¿Y tú?

JOSÉ   José. ¿Estudias español?

GLORIA   Sí, he aprovechado mis vacaciones aquí en España para hacer un curso. Mi español no es muy bueno y me gustaría mejorarlo.

JOSÉ   Pero ya lo hablas muy bien. ¿Dónde lo has estudiado?

GLORIA   En el colegio, en los Estados Unidos.

JOSÉ   ¿Eres americana?

GLORIA   Sí, soy de California.

JOSÉ   Allí se habla mucho español, ¿verdad?

GLORIA   Sí, bastante. Y tú, ¿qué haces aquí?

JOSÉ   Pues, estudio inglés. Estoy haciendo un curso intensivo de verano.

GLORIA ¿Y durante el año qué haces?

JOSÉ Soy estudiante de ingeniería. Estoy en la Universidad de Madrid.

GLORIA ¿Has estado alguna vez en los Estados Unidos?

JOSÉ No, nunca, pero me encantaría trabajar un tiempo allí una vez que obtenga la licenciatura. Pero para eso todavía falta mucho tiempo. Tres años más por lo menos. A propósito, ¿te interesaría intercambiar clases de conversación? Yo podría enseñarte algo de español y tú me enseñas inglés. ¿Qué te parece?

GLORIA Sería estupendo. Podríamos juntarnos en algún café y charlar.

JOSÉ Bueno, ¿qué tal si empezamos mañana? Estaré libre por la tarde.

GLORIA Yo también.

JOSÉ Entonces, podemos quedar aquí mismo. ¿A las seis te parece bien?

GLORIA Vale. A las seis.

JOSÉ Pues, hasta mañana.

GLORIA Hasta mañana.

NOTAS

he aprovechado	I've taken advantage of
una vez que obtenga la licenciatura	once I graduate; notice the use of the present subjunctive after *una vez que*
Todavía falta mucho tiempo.	There's still a lot of time.
por lo menos	at least
a propósito	by the way
podríamos juntarnos	we could get together
Podemos quedar ...	We can meet ...

y ahora tú

1. Este año pasarás tus vacaciones en España y aprovecharás tu tiempo haciendo un curso intensivo de español. Alguien te ha recomendado una buena escuela de lenguas y decides ir allí para pedir información. El encargado te da toda la información que necesitas: días y horas en que se desarrolla el curso, fecha y lugar en que se realizará, reserva de plaza, valor de la matrícula y alojamiento. Esta información servirá de base para la conversación.

Curso intensivo de lengua española
(7 créditos)

Días y horas de clase
Lunes a viernes por las mañanas.
5 horas diarias.

Fecha y lugar en que se realizará el curso
4–30 septiembre.
Escuela de Lenguas, Campus Universitario.

Reserva de plaza
Abonar 8.000 pesetas antes del 15 agosto.
Este anticipo se deducirá de la matrícula.

Valor de la matrícula
45.000 pesetas, precio incluye curso y excursiones.

Alojamiento
En familias solamente—1.800 pesetas diarias, incluyendo sólo desayuno. Los interesados deberán hacer la reserva de alojamiento en el momento de reservar plaza en el curso.

2. En tu segundo día de clase conoces a un estudiante de habla española. Él está muy interesado en hacer estudios en tu país y te hace
una serie de preguntas con relación a tus propios estudios: ¿Qué
estudias exactamente y dónde? ¿Qué asignaturas tienes? ¿Qué días
tienes clase? ¿Cuál es tu horario de clase? ¿Qué diploma obtendrás
al final del curso? ¿Cómo son tus profesores? ¿Qué otros estudios
podrás hacer una vez que termines los actuales? ¿Cuándo comienza
el año escolar/académico? ¿Cuándo termina? ¿Qué vacaciones
tienes? ¿Son caros tus estudios? ¿Debes pagarlos tú mismo/a?
Agrega otra información que pueda interesar a tu amigo.

FRASES Y PALABRAS ÚTILES

estudio en …/estoy en …

tengo clase de … a …/entro a las … y salgo
a las …

una vez que termine/después de
terminar … espero/pienso …

tengo una beca/estoy becado

3. Imagina que en tu curso de español tienes que dar información oral sobre un país de habla española. Haz una investigación sobre un país que te interese y presenta la información a tus compañeros. Incluye datos tales como población, capital y número de habitantes, moneda nacional, tipo de gobierno, economía (por ejemplo agricultura, industria, minería, principales productos de exportación), atractivos turísticos, problemas sociales, educación, etc.

FRASES Y PALABRAS ÚTILES

... está situado en .../se encuentra en ..., su capital es ... y tiene ... habitantes

un gobierno civil/militar, un presidente de la república, un régimen presidencial, una junta militar

... produce ..., ... exporta ..., sus principales productos son ...

UN LUGAR DONDE TRABAJAR

1   Solicitando un puesto de trabajo

Ricardo Núñez habla con la propietaria de una librería.

RICARDO
Buenos días. Soy Ricardo Núñez. Marta Ramírez, una amiga mía, me dijo que usted necesitaba un dependiente.

PROPIETARIA
Ah sí, yo hablé con Marta la semana pasada y le pedí que me buscara a alguien. Necesito una persona para la temporada de Navidad, desde el 15 de noviembre hasta el 15 de enero. ¿De qué tiempo dispones?

RICARDO
Bueno, ahora sólo estoy libre por la tarde, pero a partir del 15 de diciembre podría trabajar todo el día.

PROPIETARIA
¿Has trabajado antes?

RICARDO
Sí, el año pasado trabajé en una tienda de ropa, también para la temporada de Navidad.

PROPIETARIA
Perfecto. Déjame tu dirección y tu teléfono por si necesito ponerme en contacto contigo antes de esa fecha. Ahora, en cuanto al sueldo ...

2 Una secretaria bilingüe

Ángeles Rojas, secretaria bilingüe, ha solicitado un puesto en una empresa de Monterrey, México. En esta entrevista preliminar, Ángeles da información sobre su carrera profesional.

JEFE DE PERSONAL   Señorita Rojas, ¿dónde hizo usted sus estudios de secretariado bilingüe?

ÁNGELES   Los hice aquí en Monterrey, en la Escuela de Secretariado Interamericana, pero después de terminarlos, eso fue hace tres años, me fui a hacer un curso de perfeccionamiento a los Estados Unidos. Estuve tres meses en Austin, Texas, en un instituto de secretariado bilingüe.

JEFE DE PERSONAL   De manera que debe tener usted un buen dominio del inglés, ¿no es así?

ÁNGELES   Bueno, no lo hablo mal. Llevo más de cuatro años estudiando inglés y el tiempo que pasé en Texas me sirvió para adquirir más práctica.

JEFE DE PERSONAL   Nosotros tenemos varios clientes americanos y algunos de ellos no hablan nada de español. Necesitamos una persona que pueda comunicarse con ellos.

ÁNGELES   Bueno, yo, en general, no tengo problemas para comunicarme en inglés.

JEFE DE PERSONAL   Perfectamente. En todo caso, antes de la selección final haremos una prueba para medir los conocimientos de inglés. De eso hablaremos más adelante. ¿Y dónde ha trabajado usted antes, señorita Rojas?

ÁNGELES   Desde que regresé de los Estados Unidos he estado trabajando en una empresa de transportes, en Transportes Armijo, una empresa de aquí de Monterrey. Soy secretaria del gerente, pero desgraciadamente no estoy usando bien mis conocimientos de inglés, por eso quisiera cambiar de trabajo. Si usted quiere puede pedir referencias mías. Estoy segura de que el gerente no tendrá ningún inconveniente en dárselas.

NOTAS

Eso fue hace tres años.	That was three years ago.
un curso de perfeccionamiento	a course for improvement
de manera que	so
un buen dominio	a good command
Llevo más de 4 años estudiando ...	I've been studying ... for more than 4 years.
más adelante	later on
No tendrá ningún inconveniente.	He'll have no objections.

3 Traductor e intérprete

Esteban Santana, traductor, solicita un puesto en una empresa multinacional. En esta entrevista preliminar Esteban habla con la señora Cecilia López, jefa del servicio de traducciones de la compañía.

SRA. LÓPEZ   Buenas tardes, señor Santana. Siéntese, por favor. Soy Cecilia López, jefa del servicio de traducciones de la empresa.

ESTEBAN   Encantado de conocerla, señora.

SRA. LÓPEZ   Mucho gusto. Aquí tengo el historial de trabajo que usted nos envió. Me parece muy interesante. De todas maneras, me gustaría que primero habláramos un poco sobre sus estudios y su experiencia laboral. ¿Por qué no me hace usted mismo un resumen, por favor?

ESTEBAN   Encantado. Bueno, después de terminar mis estudios secundarios ingresé en el Instituto de Intérpretes y Traductores de México. Allí me especialicé en traducción, con inglés y francés. Yo ya hablaba inglés pues mi madre es americana y en casa utilizamos el inglés y el español. El francés, en cambio, lo aprendí en el colegio, pero desde entonces lo he mejorado muchísimo.

SRA. LÓPEZ	Y su experiencia como traductor, ¿ha sido con los dos idiomas?
ESTEBAN	Bueno, he tenido más experiencia en traducción del inglés al español. Con el francés mi experiencia ha sido más limitada, pero en todo caso sí la he tenido.
SRA. LÓPEZ	¿Qué tipo de traducciones ha hecho usted principalmente?
ESTEBAN	En la firma donde trabajo actualmente, que es una empresa dedicada al comercio exterior, he hecho principalmente traducciones de tipo comercial y legal.
SRA. LÓPEZ	¿Tiene alguna experiencia en traducción técnica?
ESTEBAN	Muy poca. He hecho algunas, pero no de manera regular. No es mi fuerte.
SRA. LÓPEZ	Bien, a nosotros nos interesa principalmente el área comercial, aunque de vez en cuando hay textos de carácter técnico que es necesario traducir. ¿Ha trabajado con computadoras?
ESTEBAN	Sí, en la empresa donde estoy ahora el trabajo de traducción se hace directamente en computadoras. Es mucho más rápido y eficiente.
SRA. LÓPEZ	Naturalmente. Me gustaría que fuéramos ahora al departamento de traducciones para que usted conozca nuestro equipo. Así podré presentarle al personal que trabaja conmigo. En este momento tenemos un equipo de cuatro personas. Será interesante que los conozca. Después podremos continuar nuestra conversación.

NOTAS

el historial de trabajo	résumé, curriculum vitae
de todas maneras	in any case
la experiencia laboral	work experience
el francés, en cambio ...	French, on the other hand ...
el comercio exterior	foreign trade
No es mi fuerte.	It's not my strength.

y ahora tú

1. Durante tus vacaciones has decidido trabajar en un país de habla española para mejorar tus conocimientos del idioma. En un hotel (o tienda, agencia de viajes, etc.) has visto un anuncio en que piden a un/a asistente que hable inglés y español y, de preferencia, otra lengua. El trabajo es sólo por la temporada de verano, de manera que a ti te viene muy bien. Entras a hablar con el encargado y le explicas el motivo de tu presencia allí y las razones por las cuales te interesa el puesto. El encargado, a su vez, te hará preguntas sobre tus actividades (por ejemplo, tus estudios) y tu experiencia laboral. Respóndelas de la forma más completa posible.

FRASES Y PALABRAS ÚTILES

he visto el anuncio ...

me interesa/me interesaría/estoy interesado/a, me gustaría trabajar ... ya que/porque ...

(no) he tenido experiencia, antes he trabajado en .../trabajé en ...

dispongo de (un mes, dos meses, etc.)/(todas las tardes, las mañanas), estoy disponible/libre (todos los días, de lunes a viernes, a partir del 15 de julio, hasta el 30 de agosto, etc.)

hago otro trabajo

¿cuánto es el sueldo ... (semanal, mensual)?

---

2. Imagina que vives en un país de habla española y has solicitado uno de los puestos de los anuncios. Has sido invitado/a a una entrevista preliminar para hablar sobre los estudios que has hecho y sobre tu experiencia laboral. El jefe de personal te entrevistará haciéndote las preguntas pertinentes: ¿Por qué has solicitado el puesto? ¿Dónde has trabajado antes? ¿Dónde trabajas ahora? ¿Por qué quieres dejar ese trabajo? ¿Cuánto desearías ganar? ¿Puedes dar referencias? ¿De quién? ¿Cuándo podrías comenzar a trabajar?

FRASES Y PALABRAS ÚTILES

solicitar un trabajo/un puesto

el historial de trabajo/el curriculum vitae

los estudios secundarios o de enseñanza
media/los estudios universitarios/los
antecedentes académicos

los títulos/diplomas

la experiencia laboral

ocupar un puesto/un cargo, desempeñarse
como (secretario/a, profesor/a, intérprete,
traductor/a, etc.), trabajar de
(dependiente/a, vendedor/a, recepcionista,
representante, etc.)

3. Da una breve charla a tus compañeros sobre algún trabajo que
   hayas realizado. Explica lo que hiciste, dónde, cuánto tiempo estu-
   viste allí, en qué consistió específicamente tu trabajo, si te gustó o
   no y por qué.

FRASES Y PALABRAS ÚTILES

el año/verano pasado trabajé en ...

el trabajo consistía en .../yo tenía que ...

empezaba a las .../terminaba a las ...

(no) me gustó/agradó por que ...

era un trabajo interesante/poco interesante/
aburrido ...

4. Lee lo que dice María Luisa, una estudiante española, sobre el trabajo de sus sueños.

"A mí me encantaría ser enfermera. Es un trabajo que siempre me ha llamado la atención, ya que me interesa hacer algo por los demás. Me gustaría trabajar especialmente con niños o con ancianos, pues son las personas más desvalidas y que necesitan más apoyo.

Una de las ventajas de esta actividad es que me permitiría estar en contacto con mucha gente diferente y hacer muchos amigos, tanto entre mis colegas como entre los pacientes. Entre las desventajas está el hecho de que es un trabajo duro y no siempre bien pagado. Además, los problemas de los demás podrían afectarme emocionalmente. Pero a pesar de esto es un trabajo que me gusta y creo que tengo buenas posibilidades de llegar a ser enfermera. Cumplo con los requisitos necesarios y ya he entrado en contacto con algunas instituciones para pedir más información sobre la carrera."

PREGUNTAS

Comenta con un compañero:

1. ¿Elegirías la carrera que le gusta a María Luisa, es decir, serías enfermero o enfermera? ¿Por qué?

2. ¿Qué piensas de las motivaciones de María Luisa para elegir esta carrera? ¿Crees que son buenas razones para dedicarse a esta profesión?

Ahora, da una breve charla a tus compañeros sobre el trabajo de tus sueños.

1. ¿Qué te gustaría hacer? ¿Por qué elegirías esta actividad?

2. ¿Qué ventajas/desventajas tendría? (por ejemplo, estudios que se requieren, horario de trabajo, vacaciones, salario, etc.)

3. ¿Qué posibilidades existen de que puedas realizar tus sueños? Explica.

FRASES Y PALABRAS ÚTILES

me gustaría ser/llegar a ser ... porque ...,
siempre he soñado con ser ...

los estudios son largos/cortos, fáciles/difíciles
...

el horario de trabajo es cómodo/incómodo

las vacaciones son cortas/largas/suficientes/
insuficientes

el salario/sueldo es bueno/estupendo/malo

5. Pide información en tu colegio/universidad/comunidad sobre un trabajo que a ti te interese o habla con alguna persona que esté realizando esa actividad. Con la información que has obtenido prepara una charla para tus compañeros explicando algunos de los siguientes puntos:

- calificaciones que se requieren para el puesto (por ejemplo, enseñanza media o secundaria, enseñanza universitaria, algún curso especial, uno o más idiomas extranjeros)

- cualidades necesarias en la persona para desempeñar esta actividad (por ejemplo, tener buena presencia, tener imaginación, tener deseo de superación, ser una persona dedicada, estar dispuesto a trabajar en equipo, tener sentido del humor, ser flexible, ser adaptable, ser práctico, tener firmeza, tener disciplina, tener sensibilidad)

- jornada de trabajo (por ejemplo, de 7 a 8 horas, de lunes a viernes/sábado, por la noche, horario flexible)

- vacaciones (por ejemplo, dos/tres/cuatro semanas, un mes/dos meses por año)

- otras garantías (por ejemplo, coche, casa, comida, viajes)

- posibilidades de ascenso (por ejemplo, después de un año/dos años; a jefe/a, director/a, encargado/a)

6. Haz una investigación sobre los siguientes aspectos del mundo laboral en tu ciudad y/o país.

   a. Actividades en que hay mayor oferta de trabajo.
   b. Actividades en que hay mayor desempleo.
   c. Posibilidades de empleo en la actividad o profesión que a ti te interesa.

   Comenta el resultado de la investigación con tus compañeros o elabora un informe en español y preséntalo oralmente a un grupo de tus compañeros o a toda la clase.

   ### FRASES Y PALABRAS ÚTILES

   la mayor oferta de trabajo está en el campo de ...

   la mayor desocupación/el mayor desempleo está en el campo de ...

   las profesiones/actividades en las que hay más/menos posibilidades de trabajo/empleo son ...

   el nivel de desempleo/paro en esta actividad es (muy) alto/bajo, es del ...%.

   la creación de puestos de trabajo

   dar empleo a los jóvenes/la juventud/las mujeres/las minorías

   el desempleo/paro juvenil/femenino

   mayores oportunidades de trabajo

   despedir a un trabajador/obrero/empleado

   los empresarios/los industriales

   la empresa/la industria/la agricultura/la construcción/los servicios

13

Un lugar
donde vivir

1   Buscando un piso

Angela Morris y sus amigos Charles y John pasarán un año en la
ciudad de Sevilla, en el sur de España. Durante su primera semana en
Sevilla, los tres amigos buscan un lugar donde vivir. Angela ha visto el
siguiente anuncio en un periódico local y decide telefonear a la agencia
inmobiliaria.

EMPLEADA   Propiedades Triana. ¿Dígame?

ANGELA   Buenos días, llamo por el anuncio en el periódico de
esta mañana, el piso de la calle Trastamara. ¿Podría
darme más información, por favor?

EMPLEADA   Un momentito, por favor. No cuelgue.

(*Después de un rato la empleada vuelve al teléfono.*)

¿Oiga?

ANGELA   Sí, ¿dígame?

EMPLEADA   Mire, lo siento, pero el piso de la calle Trastamara ya
está alquilado.

ANGELA   ¡Qué lástima! ¿No tienen ustedes algún otro piso
céntrico por un precio similar?

EMPLEADA   No, de momento no tenemos nada. Si gusta llame usted
la semana próxima. Es posible que tengamos algo.

ANGELA   De acuerdo, gracias.

EMPLEADA   De nada.

ALQUILO PISO

3 habitaciones, sala, comedor, cocina totalmente equipada, dos baños.

GRAN TERRAZA

HERMOSA VISTA

PTAS. 78.000 por mes. Calle Trastamara, 56, quinto, izquierda.

Propiedades Triana,
Avenida Santa Isabel, 22
Teléfono 546 7830

NOTAS

el anuncio   advertisement (In some parts of Latin America you will hear the word *el aviso*.)

el piso   apartment (This word also means "floor.")

¿Oiga?   Hello. (on the phone); this word is also used frequently in Spain to call someone's attention (in the street, in a restaurant); in some parts of Latin America it may sound abrupt.

Es posible que tengamos algo.   We may have something; notice the use of the present subjunctive *tengamos*.

2 Otro anuncio

Angela llama a otra agencia por un segundo anuncio en el mismo periódico.

EMPLEADO   Sí, ¿diga?

ANGELA   Buenos días. He visto el anuncio en el periódico de hoy y quisiera más información sobre el piso que tienen en alquiler. El de la calle de La Macarena.

EMPLEADO   Sí, ¿quiere esperar un momento, por favor? Ahora le pongo con la persona encargada.

ENCARGADO   Sí, ¿dígame?

ANGELA   Mire, llamo por el piso de la calle de La Macarena. ¿Podría darme más información?

ENCARGADO   Sí, un momento, por favor.

(El encargado vuelve al teléfono.)

¿Oiga?

ANGELA   Sí, ¿dígame?

ENCARGADO	Mire, se trata de un piso de cuatro habitaciones: dos dormitorios, sala y comedor. Como dice el anuncio, el alquiler es de ochenta mil pesetas mensuales. Se pide un mes por adelantado, un mes de garantía y nuestra comisión, que equivale a una semana de alquiler. Es decir, son ciento ochenta mil pesetas en total. El mes de garantía se devuelve al final del período de alquiler.
ANGELA	¿Y en qué piso está?
ENCARGADO	Está en el cuarto piso.
ANGELA	¿Tiene ascensor?
ENCARGADO	Sí, sí, tiene ascensor. Es un edificio moderno y el piso está en perfecto estado. Acaban de pintarlo.
ANGELA	¿Y cuándo está disponible?
ENCARGADO	No está disponible hasta el lunes 15. El propietario está fuera de España en este momento y no quiere alquilarlo hasta haber hablado personalmente con los interesados. Pero si a usted le interesa, le sugiero que venga a nuestra oficina lo antes posible. Aquí le puedo dar una autorización para que el conserje del edificio le muestre el piso. Estamos en la avenida La Giralda 34, 4º, izquierda.
ANGELA	Avenida La Giralda 34, me ha dicho?
ENCARGADO	Sí, número 34, cuarto, izquierda. Está cerca de la Catedral.
ANGELA	¿Hasta qué hora está abierta la oficina?
ENCARGADO	Cerramos a las 13.30 y por la tarde atendemos entre las 17.00 y las 20.00 horas.
ANGELA	Iré antes del mediodía.
ENCARGADO	Perfectamente, señorita. Cuando usted guste.
ANGELA	Adiós, gracias.
ENCARGADO	De nada, adiós.

SE ALQUILA
PISO MUY CENTRICO

2 dormitorios, sala, comedor, gran cocina, baño, aseo. Exterior, mucho sol.

Oportunidad a 80.000 ptas. mensuales.

Calle de La Macarena, junto a Plaza Santa Ana.

Tratar Inmobiliaria Su Casa, Calle de los Claveles, 73, 2º, Tel. 762 12 05

NOTAS

Ahora le pongo con ...	Now I'll connect you with ...
la persona encargada	the person in charge
Se trata de un piso de 4 habitaciones.	It's an apartment with 4 rooms.
por adelantado	in advance
es decir	that is (to say)
la planta	here, floor, synonym of *el piso*
se devuelve	it is returned
en perfecto estado	in perfect condition
disponible	available
avenida La Giralda 34, 4º, izquierda	34 indicates the number of the building, 4º (cuarto) refers to the floor in which the office is located, and *izquierda* indicates the door (*la puerta izquierda*).
Le sugiero que venga.	I suggest you come; notice the use of the present subjunctive *venga*.

3   En la agencia inmobiliaria

Angela llega a la avenida La Giralda.

ENCARGADO   Buenos días. ¿Qué desea?

ANGELA   He telefoneado esta mañana por el piso que se alquila en la calle de La Macarena.

ENCARGADO   Ah sí, siéntese por favor. Le he dicho que no está disponible hasta el lunes 15 de este mes, ¿verdad?

ANGELA	Sí, pero si nos gusta estamos dispuestos a esperar. Es para mí y un par de amigos, americanos como yo. De momento tenemos donde quedarnos. Me decía usted que el piso sólo tiene dos dormitorios, ¿verdad?
ENCARGADO	Efectivamente. Tiene una habitación doble y otra individual, pero la doble es bastante amplia, de manera que cabrían perfectamente dos camas.
ANGELA	¿Es un piso exterior o interior?
ENCARGADO	Da a la calle. La calle de La Macarena, no sé si la conoce usted, es una calle tranquila, a pesar de ser muy céntrica. Yo he visto el piso personalmente y me ha gustado. Y a ochenta mil pesetas mensuales, créame que no está nada mal de precio. Le sugiero que lo vea lo antes posible. Han llamado dos o tres personas antes que usted, pero aún no ha ido nadie a verlo.
ANGELA	Dígame, ¿es necesario firmar un contrato de alquiler?
ENCARGADO	Desde luego. El contrato se hace normalmente por un año, pero es renovable.

ANGELA   Bueno, quisiera verlo con mis amigos esta misma tarde, si es posible.

ENCARGADO   Sí, cómo no. Le daré una carta para el conserje para que él se lo muestre. Él tiene la llave. Y luego, si a ustedes les interesa, pueden volver aquí para dar todos los datos que necesitamos. ¿Quiere rellenar este formulario con su nombre y dirección, por favor?

ANGELA   ¿Tengo que firmarlo?

ENCARGADO   Sí, firmelo aquí al final. Luego mi secretaria le dará la carta para el conserje.

NOTAS

Estamos dispuestos a esperar.	We're willing to wait.
Cabrían ... dos camas.	There would be room for two beds.
Ya veremos ...	We'll see ...
Da a la calle.	It faces the street.
a pesar de	in spite of
Es renovable.	It's renewable.

y ahora tú

1. Imagina que tú y unos amigos han decidido alquilar un apartamento en un lugar de la costa española durante el verano. Primero
miras los anuncios y eliges uno o dos apartamentos que te interesan
y telefoneas a la agencia para pedir más información. La empleada
te indica que el apartamento ya ha sido alquilado y te propone otro
por un precio superior, el que tú y tus amigos no pueden pagar.
Además, el apartamento está a 20 minutos de la playa y a ti te
interesa algo que esté mucho más cerca. La empleada te dice que de
momento no hay otros apartamentos por ese precio en alquiler y te
sugiere que vuelvas a llamar dentro de unos días.

FRASES Y PALABRAS ÚTILES
llamo por el anuncio en …
me interesa/deseo/quisiera/me gustaría alquilar …
quiero que me dé más información sobre …/ ¿podría darme más información sobre …?
es demasiado dinero/caro, es más de lo que estamos dispuestos a pagar

APARTAMENTOS
ALQUILER

Fuengirola, 75 metros, totalmente equipado, sol, muy céntrico. Tel. 577 56 31.

Torremolinos, 90 metros, cerca playa. Tel. 431 12 42.

Marbella, 64 metros, hermosa vista. Tel. 674 21 90.

Rincón de la Victoria, 78 metros, sólo mes de julio, interesados llamar Tel. 763 98 16.

Málaga, 85 metros, vista puerto, julio y agosto, Tel. 984 32 54.

Torremolinos, 65 metros, terraza, vista mar. Tel. 431 80 72.

2. Haces una segunda llamada telefónica. Esta vez tienes más suerte, porque el piso aún no se ha alquilado, pero el empleado no quiere darte la información por teléfono. Tú insistes, ya que no quieres perder el tiempo yendo a la agencia para pedir información sobre un apartamento que quizá no te va a interesar. El empleado insiste y no tienes más alternativa que concertar una cita. Él te indica la dirección y el horario de atención al público. Tú y él fijan una hora para la visita.

FRASES Y PALABRAS ÚTILES

lo siento/lo lamento, pero no podemos dar
información …, lamentablemente no
podemos dar información …

venir usted mismo/a/venir personalmente

perder el tiempo … innecesariamente, una
pérdida de tiempo …

3. En la agencia inmobiliaria hablas con la encargada y le explicas
que tú eres la persona que ha llamado por el apartamento en alquiler. Ella te ofrece asiento y te da la información que tú deseas: el
valor del alquiler mensual, el lugar donde está situado (justo enfrente de la playa) y sus características. Además te informa sobre lo
que tienes que pagar si decides tomarlo.

   El alquiler es razonable y decides concertar una cita para visi-
tarlo con tus amigos. La encargada puede llevarte al apartamento
por la tarde. Hay otros interesados, por lo que sugiere que veas el
apartamento lo antes posible. Tú y ella fijan una hora para la visita.

FRASES Y PALABRAS ÚTILES

un apartamento de una/dos/tres
habitaciones

un apartamento interior/exterior/a la calle/
con vista al mar/a la montaña

con/sin sol

en la planta baja/en el primer/segundo/
tercer piso

completamente amueblado, con cocina
totalmente equipada, con terraza/balcón,
con conserje día y noche/las 24 horas, con
aparcamiento*, con piscina

*In some Latin American countries (for example, Argentina and
Chile) the word is *el estacionamiento*.

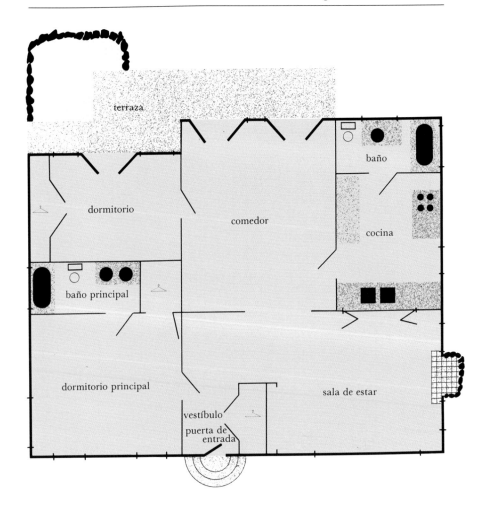

4. Imagina que estás viviendo en un país hispano y has alquilado el piso que se muestra en el plano. Un amigo te pregunta por tu nuevo piso. Tú le haces una descripción detallada de éste y agregas información sobre el barrio, la distancia al centro de la ciudad/a la playa, el transporte (autobuses, metro) y los vecinos.

FRASES Y PALABRAS ÚTILES

un piso/apartamento/departamento*

cómodo/confortable/grande/amplio/
pequeño/antiguo/moderno

luminoso/con mucha luz/con mucho sol/
elegante/caro/barato

da a la calle/un parque/una plaza/un patio
interior

con vista al mar/a la montaña/al río/al lago

a (10/15) minutos de .../cerca de .../
(bastante) lejos de ...

hay autobuses/metro/trenes cada (15/20)
minutos

un servicio regular de autobuses/metro/
trenes

la parada de autobuses/la estación de metro/
la estación de ferrocarriles

un barrio agradable/tranquilo/ruidoso/
elegante/comercial/residencial/interesante/
aburrido

los vecinos ... simpáticos/agradables/
ruidosos/tranquilos/discretos/amistosos/
reservados/distantes

*La palabra *el apartamento* se entenderá en cualquier país de habla española. En España, sin embargo, se emplea normalmente la palabra *el piso*, limitándose *el apartamento* a un piso pequeño (por ejemplo, a lo largo de la costa española hay muchos edificios de *apartamentos*). La palabra *el departamento* sólo se utiliza en algunos países hispanoamericanos, por ejemplo Argentina, Chile, Perú y México.

5. Describe a tus compañeros de clase la casa, piso o apartamento donde vives actualmente. Las frases y palabras del ejercicio 4 te ayudarán en la descripción.

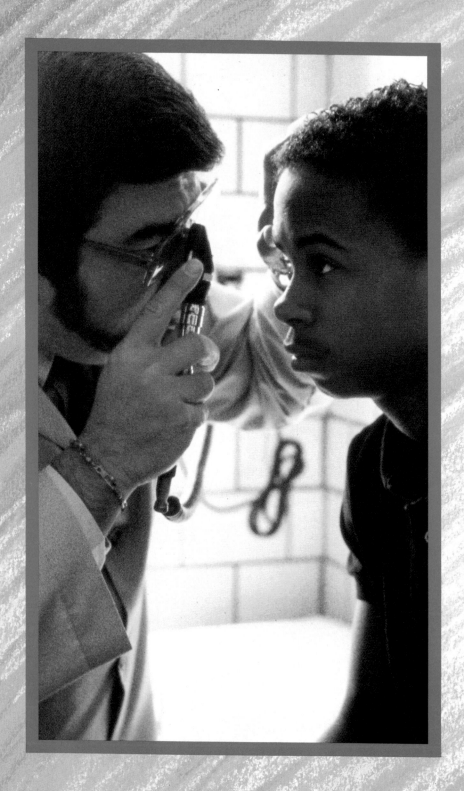

14

CUESTIÓN DE SALUD

1 De vacaciones en Cancún, México

El cambio de clima y la comida han afectado la salud de Robert Martin, quien decide llamar a un médico al hotel.

TELEFONISTA ¿Bueno?

ROBERT Buenas noches. Soy Robert Martin, de la habitación número 48. ¿Puede usted llamar a un médico, por favor? No me siento bien.

TELEFONISTA ¿El señor Martin ha dicho?

ROBERT Sí, Robert Martin, de la habitación 48.

TELEFONISTA No se preocupe usted, señor Martin. Le enviaré al doctor Martínez, que es el médico que atiende aquí en el hotel. Veré si está libre en este momento.

ROBERT Si no puede conseguir a ese doctor, mándeme otro, por favor. Es urgente.

TELEFONISTA Muy bien, señor. Haré todo lo posible por enviarle a alguien inmediatamente.

ROBERT Muchas gracias.

TELEFONISTA De nada.

NOTAS

■

¿**Bueno?**   Hello (on the phone) in Mexico; other
countries use *¿diga?* or *¿dígame?* (Spain)
¿hola? (Argentina), *¿aló?* (Chile).

Haré todo lo posible.   I'll do everything possible.

2   Llega el médico

En la habitación 48, el doctor Martínez llama a la puerta.

DR. MARTÍNEZ   (*Llama a la puerta.*) ¿Se puede?

ROBERT   Adelante. Está abierto.

DR. MARTÍNEZ   (*Entra en la habitación.*) Buenas noches. Soy el
doctor Carlos Martínez. Me han dicho que usted
necesita un médico. ¿Qué es lo que le pasa?

ROBERT   Me duele terriblemente el estómago, doctor, y
parece que tengo algo de fiebre. Siento náuseas y
no he podido comer nada desde anoche.

DR. MARTÍNEZ   ¿Qué es lo que comió usted antes?

ROBERT   Bueno, ayer almorcé unos mariscos en un
restaurante. También comí pescado frito.

DR. MARTÍNEZ   Lo más probable es que se trate de una infección
estomacal. Quizás los mariscos o el pescado no
estaban frescos y eso le ha producido a usted la
infección. Es muy común en esta época del año y a
menudo son los turistas extranjeros los más
afectados. Pero no se preocupe usted, con un poco
de reposo y comidas ligeras durante un par de días
se le pasará. Estoy seguro de que mañana ya se
sentirá mejor. En todo caso, le recetaré unos
comprimidos que le aliviarán el dolor de estómago.
Tiene que tomar uno cada cuatro horas. Esto le
hará muy bien, pero si continúa sintiéndose mal,
llámeme y vendré en cuanto pueda.

ROBERT   Muchas gracias, doctor. ¿Cuánto le debo?

NOTAS
<hr>

¿Se puede?	May I come in?
¡Adelante!	Come in!
¿Qué es lo que le pasa?	What's wrong with you?
Me duele … el estómago.	I have a stomachache.
Tengo algo de fiebre.	I have a slight fever.
una infección estomacal	a stomach infection
un poco de reposo	some rest
comidas ligeras	light meals
le recetaré	I'll prescribe for you
unos comprimidos	some tablets
en cuanto pueda	as soon as I can; notice the use of the present subjunctive in this phrase.

3   Una cita con el dentista

RECEPCIONISTA	(*Al teléfono*) ¿Bueno?
LAURA	Buenos días. ¿Podría darme una cita con el doctor Real, por favor?
RECEPCIONISTA	¿Ha venido usted aquí antes?
LAURA	No, no he estado nunca allí. Estoy de vacaciones aquí en Cancún.
RECEPCIONISTA	Bueno. ¿Su nombre, por favor?
LAURA	Laura Ashton.
RECEPCIONISTA	Perdone, ¿cómo se escribe su apellido?
LAURA	(*Deletreando el apellido*) A-S-H-T-O-N. Ashton. Laura Ashton.
RECEPCIONISTA	Muy bien, señora Ashton. Puedo darle una cita para el miércoles a las once de la mañana.
LAURA	¿Para el miércoles? ¿Antes no puede?

RECEPCIONISTA	Lo siento, pero antes está todo tomado.
LAURA	Es que es urgente. Tengo un dolor de muelas espantoso. No puedo esperar hasta el miércoles. ¿No podría usted hacer algo?
RECEPCIONISTA	Mire, lo veo un poco difícil porque el doctor Real tiene muchos pacientes, pero venga usted esta tarde a las seis. A veces hay pacientes que cancelan la visita y en ese caso quizás el doctor pueda atenderla. Pero no se lo aseguro.
LAURA	Muchas gracias. No puedo soportar más el dolor. Estaré allí a las 6.00 en punto. ¿Cuál es la dirección del dentista, por favor?
RECEPCIONISTA	Calle la Revolución 533, quinto piso.
LAURA	Gracias. Hasta luego.
RECEPCIONISTA	De nada. Hasta luego, señora.

NOTAS

¿Podría darme una cita con …?	Could you give me an appointment with …?
Tengo un dolor de muelas espantoso.	I have a terrible toothache.
No puedo soportar más el dolor.	I can't stand the pain any more.

y ahora tú

1. Durante unas vacaciones en un país de habla española decides ir al médico porque no te has sentido bien. Llamas por teléfono al consultorio del médico y fijas una hora con la recepcionista.

FRASES Y PALABRAS ÚTILES

pedir una cita (con el doctor/médico)

las horas de atención

atender

el consultorio

la consulta

2. Has conseguido una cita con el médico. Le dices que no te has sentido bien y le explicas tus síntomas. El doctor te hace algunas preguntas relativas a tu salud en general, enfermedades que has tenido y, más específicamente, con respecto a tu estado actual. Finalmente decide hacerte un reconocimiento para hacer un diagnóstico. Afortunadamente sólo se trata de una gripe, para lo cual te aconseja que descanses y te receta unos comprimidos. Pagas la consulta del doctor y te vas más tranquilo/a.

FRASES Y PALABRAS ÚTILES

sentirse bien/mal, sentirse cansado/a, sentirse débil, sentirse mareado/a

tener fiebre, tener dolor de cabeza, tener dolor de estómago, tener dolor de garganta

tener buena/mala salud

estar enfermo/a

hacer un reconocimiento

una gripe, un catarro, un resfriado

descansar, reposar

tomar comprimidos

3. Éstas no han sido tus mejores vacaciones. Al tercer día de haber llegado despiertas con un terrible dolor de muelas. Llamas por teléfono a la recepción del hotel y explicas a la recepcionista lo que te pasa. Ella te recomendará un dentista y te dará su número de teléfono.

> ## FRASES Y PALABRAS ÚTILES
>
> tener dolor de muelas, doler una muela (me duele ...)
>
> recomendar un dentista
>
> el/la dentista

4. Llamas al consultorio del dentista y pides cita con urgencia. La recepcionista te explica que la dentista no atenderá por la mañana pues está en una conferencia. Tú insistes en ser el primer paciente a quien vea por la tarde. Lamentablemente la recepcionista, que está de mal humor ese día, te explica que no podrás ser atendido antes de las 5.00 de la tarde. Al no haber otra alternativa, fijas cita para esa hora. La recepcionista tiene dificultad en entender tu apellido y debes deletrearlo. Por otra parte, tú tienes dificultad en entender el nombre de la calle y la recepcionista debe deletrearlo.

> ## FRASES Y PALABRAS ÚTILES
>
> es urgente/se trata de una urgencia
>
> no poder esperar más
>
> un dolor terrible/espantoso
>
> no poder soportarlo/aguantarlo
>
> muchos pacientes
>
> (ser) imposible antes de las 17.00/no (haber) ninguna posibilidad
>
> ¿cómo se escribe ...?/¿puede deletrearlo?, ¿puede repetir ...?/¿cómo dice?/no le oigo bien

5. Y ya que de salud se trata, ¿hasta qué punto te preocupas tú por tu salud? ¿Te alimentas adecuadamente? ¿Desarrollas alguna actividad física de forma regular? ¿Fumas o no fumas? ¿Controlas periódicamente tu salud? Lee y después completa este "compromiso de salud", publicado en un periódico en "el mes del corazón".

Ahora comenta con otro compañero sobre los hábitos de vida que este compromiso nos llama a adoptar:

EN EL `MES DEL CORAZON`
YO ME COMPROMETO CON MI SALUD
Para prevenir enfermedades cardiovasculares yo me comprometo a practicar los siguientes hábitos de vida:

COMPROMISO DE SALUD

☐ **ALIMENTACION ADECUADA**
Informándome sobre los alimentos que son buenos o que eventualmente son dañinos para mi salud.

☐ **ACTIVIDAD FISICA REGULAR**
Practicaré una actividad física o deporte que permita cultivar mi salud. Si tengo más de 35 años, deberé chequearme previamente.

☐ **NO FUMAR**
El hábito de fumar es dañino para mi salud, favorece la arterioesclerosis, los infartos al corazón y el cáncer.

☐ **CONTROLARE PERIODICAMENTE MI SALUD**

EDAD	SEXO	COMUNA
☐☐	F M	

En caso de requerir mayor información escriba al reverso su nombre y dirección.

Deposite este cupón en los buzones especialmente acondicionados en las sucursales del **Banco Sud Americano**

o en cualquier estación del **METRO DE SANTIAGO**

ALIMENTACIÓN ADECUADA

- ¿Qué importancia le atribuyes a la alimentación para mantener una buena salud?

- ¿Qué alimentos son buenos o eventualmente dañinos para la salud?

- ¿Te alimentas adecuadamente? Explica.

ACTIVIDAD FÍSICA REGULAR

- ¿Qué importancia le atribuyes a los deportes y a la actividad física regular en el cuidado del cuerpo?

- ¿Qué deportes o actividades físicas consideras apropiadas para mantenerse en forma?

- ¿Crees que el ejercicio físico puede resultar a veces dañino para la salud? Explica.

- ¿Qué deporte o actividad física practicas tú específicamente? Haz un comentario sobre las ventajas de este deporte/esta actividad en lo que a salud se refiere.

NO FUMAR

- ¿Estás de acuerdo en que el cigarrillo puede ser perjudicial para la salud? Intercambia opiniones con tu compañero.

- ¿Crees que los gobiernos deberían restringir aun más el consumo de cigarrillos en lugares públicos? ¿O prohibir absolutamente que se fume en lugares públicos? Da tu opinión al respecto.

- ¿Qué se podría hacer para crear más conciencia en la población sobre los peligros del cigarrillo? Da ideas.

CONTROLAR PERIÓDICAMENTE LA SALUD

• ¿Crees que éste es un consejo adecuado? ¿Por qué? ¿Lo haces tú o tu compañero?

• ¿Vas al médico solamente cuando te sientes enfermo/a? Explica. ¿Y tus padres o familiares, con qué frecuencia van al médico? ¿Para prevenir o por qué se sienten enfermos? Explica e intercambia información con tu compañero.

• ¿Crees que el preocuparse de la salud es un problema que sólo atañe a la gente mayor, o es que importa también a la juventud? Intercambia opiniones con tu compañero.

FRASES Y PALABRAS ÚTILES

la salud

tener buena/mala salud, sentirse bien/mal, estar en forma, estar enfermo/a

el estado físico de una persona

alimentarse adecuadamente/comer bien/ comer moderadamente

una dieta sana/equilibrada, alimentos dañinos/perjudiciales para la salud

consumir verduras/legumbres/frutas frescas/ pescado/carne (de vacuno, de cerdo, de pollo, de ternera)/cereales/productos lácteos (la leche, el queso, la mantequilla)

según investigaciones médicas ...

el cigarrillo puede ser dañino/perjudicial ..., puede producir cáncer

los fumadores

6. Hoy día muchas personas creen importante tomar vitaminas para mantener la salud; sin embargo, muchos médicos lo creen no muy importante salvo en casos determinados, como durante el embarazo (*pregnancy*). ¿Qué opinas tú? ¿Tomas vitaminas? ¿Por qué? ¿Te alimentas adecuadamente o necesitas tomar vitaminas? ¿Comes frutas y/o legumbres a diario? ¿Tomas demasiado azucar? ¿Demasiada grasa (*fat*)?

CUESTIÓN DE DINERO

1 Pedir información en el banco

Mark Spencer, un estudiante de español de los Estados Unidos, deberá pasar seis meses en Sevilla haciendo un curso de español para extranjeros. A su llegada en Madrid, Mark se dirige a un banco para cambiar dinero.

MARK   (*Se acerca a un guardia para preguntar dónde puede cambiar dinero.*) Perdone, ¿dónde se puede cambiar dinero?

GUARDIA   Al final de esa calle hay una oficina del Banco Popular Español. Allí puede cambiar.

MARK   Gracias.

GUARDIA   De nada.

     (*En la ventanilla del banco*)

MARK   Buenas tardes. Quisiera cambiar doscientos dólares a pesetas. ¿A cómo está el cambio?

EMPLEADO   ¿Tiene usted cheques de viaje o efectivo?

MARK   Cheques de viaje.

EMPLEADO   El cambio está a cien pesetas.

MARK   ¿Cien pesetas por dólar?

EMPLEADO   Sí, y hay una comisión del dos por ciento.

MARK   Está bien.

171

EMPLEADO   Me da su pasaporte, por favor. Tiene que firmar los cheques aquí.

EMPLEADO   (*El empleado entrega el dinero y el pasaporte a Mark.*) Aquí tiene usted.

MARK   Gracias.

NOTAS

────

¿A cómo está el cambio?   What's the rate of exchange?; notice the use of *estar* in this construction.

en efectivo   in cash

2 Una transferencia de fondos

Durante su segunda semana en Sevilla, Mark va a un banco a pedir información sobre una transferencia de dinero que ha solicitado.

MARK   (*Mark se acerca a uno de los mostradores y pregunta a un empleado.*) Perdone, ¿dónde puedo averiguar acerca de una transferencia de dinero?

EMPLEADO   Suba usted al primer piso. En el mostrador del fondo pregúntele a uno de los empleados.

(*Mark se acerca a una empleada.*)

MARK   Buenos días. Quisiera saber si me ha llegado una transferencia de dinero desde Chicago.

EMPLEADA   ¿Cómo se llama usted?

MARK   Mark Spencer.

EMPLEADA   ¿De qué banco viene la transferencia?

MARK   Del Chicago International Bank.

EMPLEADA   ¿Sabe usted por qué cantidad es?

MARK   Dos mil quinientos dólares.

EMPLEADA   Un momento, por favor. Veré si ha llegado.

(Después de un momento la empleada regresa y se dirige a Mark.)

Lo siento, pero aún no ha llegado. ¿Sabe usted cuándo la enviaron?

MARK   Pues, ayer martes me llamó mi padre y me dijo que la había mandado el lunes por la mañana.

EMPLEADA   Bueno, a veces tardan más de lo esperado, pero debe llegar en cualquier momento. ¿Quiere usted volver mañana? Es mejor que venga después del mediodía. A esa hora puede que haya llegado.

MARK   De acuerdo. Vendré mañana por la tarde. ¿Hasta qué hora está abierto el banco?

EMPLEADA   Cerramos a las tres.

MARK   Adiós, gracias.

EMPLEADA   De nada.

NOTAS

el mostrador	counter
en cualquier momento	at any moment
Puede que haya llegado.	It may have arrived.

3 En otra sección del banco

CLIENTA   Buenas tardes. Quisiera saber si es posible abrir una cuenta en moneda extranjera.

EMPLEADO   Las cuentas en moneda extranjera son para no residentes solamente.

CLIENTA   Yo no soy residente en España. Vivo en Nueva York, pero vengo a menudo a España por negocios. Por eso necesito tener una cuenta aquí.

EMPLEADO   Sí, en ese caso no hay inconveniente, pero tendría que traernos su pasaporte para acreditar su calidad de no residente.

CLIENTA   Perfectamente. Y dígame, ¿qué interés pagan ustedes en las cuentas en dólares?

EMPLEADO   Bueno, en el caso de las cuentas corrientes no se paga ningún interés. Pero en los depósitos a plazo fijo se está pagando alrededor del 8 por ciento anual. En todo caso, los intereses varían constantemente. Usted puede abrir un depósito a 30 días, a 60, a 90 …, como usted quiera.

CLIENTA   ¿Y cuál es la cantidad mínima para abrir un depósito?

EMPLEADO   ¿En dólares?

CLIENTA   Sí, en dólares.

EMPLEADO   El mínimo son 5.000 dólares.

CLIENTA   ¿Y qué tipo de documento aceptan ustedes?

EMPLEADO   Puede ser una letra bancaria, una transferencia, un cheque ... Dinero efectivo no se acepta.

CLIENTA   De acuerdo. Muchas gracias.

EMPLEADO   De nada.

NOTAS

una cuenta en moneda extranjera	a foreign currency account
por negocios	on business
para acreditar su calidad de no residente	to prove that you are a nonresident
la cuenta corriente	checking account
el depósito a plazo fijo	fixed term deposit
una letra bancaria	a banker's draft
el dinero efectivo	cash

y ahora tú

1. En un país de habla española entras en un banco o en una casa de cambio para cambiar dinero. Hablas con una empleada y le preguntas a cómo está el cambio de la moneda que tú tienes. La empleada te indica el cambio para billetes y para cheques de viaje (tú tienes cheques). Especifica la cantidad que deseas cambiar. La empleada te pide que firmes los cheques. Tú lo haces y ella luego te indica a qué caja tienes que pasar para recibir el dinero.

FRASES Y PALABRAS ÚTILES

el dólar, la libra esterlina, el marco alemán, el franco francés, el franco suizo, la lira italiana, el florín holandés, la corona sueca

el peso mexicano, chileno, colombiano, uruguayo, cubano, dominicano

el peso (Argentina), el sol (Perú), el bolívar (Venezuela), el boliviano (Bolivia), el sucre (Ecuador), el colón (El Salvador), el quetzal (Guatemala), la lempira (Honduras), el córdoba (Nicaragua), el balboa (Panamá), el guaraní (Paraguay)

tener cheques de viaje, tener efectivo

el cambio está a ...

la caja, la ventanilla

2. Estás en un país de habla española. Tu familia te ha escrito diciéndote que te han enviado una transferencia de dinero, vía telex, desde tu país a un banco de la ciudad donde te encuentras. Vas al banco y preguntas a un empleado por la transferencia que esperas, indicando tu nombre, el lugar de procedencia de ésta y la cantidad. Desgraciadamente el dinero no ha llegado. Esto te crea un enorme problema, ya que sólo tienes dinero para dos días más y no conoces a nadie en la ciudad que te pueda ayudar. Le explicas esta situación al empleado quien te sugiere que telefonees a tu familia para saber cuándo se envió exactamente la transferencia. Una transferencia de dinero por telex tarda normalmente dos días en llegar. El empleado, a quien le has caído muy bien, te pide que dejes un número de teléfono donde pueda localizarte en caso de llegar el dinero. Tú se lo das y le agradeces su amabilidad.

FRASES Y PALABRAS ÚTILES

enviar/mandar una transferencia desde (lugar)

a nombre de …

por (cantidad)

lo siento, pero …/lo lamento, pero …/ lamentablemente/desafortunadamente/ desgraciadamente

le sugiero que (+ subjuntivo)

es mejor que (+ subjuntivo)

¿por qué no …?

le avisaré/le comunicaré/le informaré

tan pronto como (llegue/haya llegado)/en cuanto (llegue/haya llegado)

es usted muy amable/gracias por su amabilidad/se lo agradezco (mucho)

3. La transferencia de dinero que esperabas no ha llegado aún y sólo te queda dinero para comer un par de días. No podrás pagar la cuenta del hotel. Habla con el gerente y explícale la situación. El gerente, muy comprensivo, te dice que puedes quedarte en el hotel hasta que hayas recibido el dinero que esperas. Entonces podrás pagar la cuenta y continuar tu viaje. Mientras tanto, te dice que podrás comer en el restaurante del hotel. Todo el consumo será cargado a tu cuenta. Más aliviado/a le agradeces al gerente su amabilidad y vas una vez más al banco a averiguar si la transferencia que esperas ha llegado.

FRASES Y PALABRAS ÚTILES

espero que comprenda

no sé que hacer

no tengo cómo pagar

¿qué puedo hacer?

no tengo suficiente dinero/me falta dinero

no se preocupe usted

si usted quiere puede ...

cargar el consumo/los gastos a la cuenta

---

4. Y hablando de dinero, ¿a qué crees tú que se debe el éxito económico de las personas? ¿A la iniciativa personal? ¿Al trabajo responsable? ¿Al nivel educacional? ¿A otros factores? Analiza el tema con otro compañero y después compara tus puntos de vista con el resultado de una encuesta sobre este tema realizada en un país hispanoamericano. He aquí el resultado de dicha encuesta:

El éxito económico

Los factores de los cuales depende el éxito económico de las personas son siempre difíciles de determinar. Hasta el momento nadie ha descubierto la fórmula mágica que permite alcanzar la fortuna.

En una encuesta se incluyó una pregunta acerca de las razones que explicarían el éxito o fracaso económico de las personas. Para ello, se solicitó a los entrevistados que señalaran, a partir de un listado predeterminado, los factores más relevantes.

Y ...¡sorpresa! De acuerdo a los encuestados la principal razón del éxito está en la "iniciativa personal", seguida muy de cerca por el "trabajo responsable". La primera categoría recibió el 30,5% de las preferencias, en tanto que la segunda el 20,6%. A continuación se ubica el nivel educacional, con un 16,2% de las respuestas.

En otras palabras, los factores netamente ligados al esfuerzo individual explican, de acuerdo a los encuestados, cerca del 70% del éxito que puede alcanzar una persona en términos económicos.

Por el contrario, las razones que no están ligadas al trabajo, como "la suerte" y "los contactos o pitutos" fueron consideradas sin mayor importancia dentro de la encuesta. Entre ambos no suman más del 17% de las respuestas. Finalmente, y quizás éste sea el dato más sorprendente, sólo un 2,4% de la muestra se refirió a la variable "ayuda económica del Estado" como un elemento relevante.

"Factores que influyen en el éxito"
(Revista Economía y Negocios de El Mercurio, Santiago de Chile)

PREGUNTAS

Ahora, comenta con un compañero o con un grupo de compañeros el resultado de la encuesta anterior:

1. ¿Hay diferencias entre lo que pensabas tú y lo que piensan los encuestados? ¿Qué diferencias hay?

2. ¿Con qué aspectos de la encuesta estás de acuerdo/en desacuerdo? ¿Por qué?

3. ¿Qué piensan tus compañeros? ¿Estás de acuerdo?

4. A nivel personal, ¿consideras que has tenido éxito en tu vida? ¿En tus estudios, en lo económico? Explica.

5. ¿A qué atribuyes tu éxito? ¿A la iniciativa personal? ¿Al trabajo responsable? ¿A la suerte? ¿A otros factores? Explica y da ejemplos si es posible.

FRASES Y PALABRAS ÚTILES

el éxito, tener éxito

el fracaso, fracasar

irle bien o mal a uno/a

la suerte, tener buena o mala suerte, ser una persona con suerte

ser responsable o irresponsable

el esfuerzo, hacer un esfuerzo, ser una persona esforzada

tener éxito en los estudios/en el colegio/en la universidad

tener una buena o mala situación económica

VOCABULARIO

A

abajo   downstairs

abogado *(m)*   lawyer

abonar   to pay

aburrido   boring

acabar de   to have just

aceite de oliva *(m)*   olive oil

acelerador *(m)*   accelerator

acento *(m)*   accent

acercarse   to approach

aclamado   acclaimed, applauded

acompañante *(m&f)*   companion

acordarse   to remember

acreditar   to give proof of, to prove

acta *(f)*   minutes, record (of a
meeting)

actitud *(f)*   attitude

actuación *(f)*   behavior;
performance

adelantado: por —   in advance

adelante: más —   later on

adelgazar   to lose weight

adquirir   to acquire, purchase

aduana *(f)*   customs office

afueras *(f pl)*   outskirts

agencia de viajes *(f)*   travel
agency

agencia inmobiliaria *(f)*   real
estate agency

agenda *(f)*   appointment book,
— **de bolsillo**   pocket size

agotador   tiring

agradar   to like

agradecer   to thank

agregar   to add

aguacate *(m)*   avocado

aguantar   to stand, bear

ahorrar   to save (time or money)

ajo *(m)*   garlic; **diente de —** *(m)*
clove

albaricoque *(m)*   apricot

alcanzar   to reach

alegría *(f)*   happiness

alejarse de   to get away from

algodón *(m)*   cotton

alimentación *(f)*   food

alimentarse   to feed oneself

aliviado   relieved

aliviar   to give relief, to relieve

almacenes: grandes — *(m pl)*
department store

almíbar *(m)*   syrup

alojamiento *(m)*   accommodation

alquilar   to rent, hire

alquiler *(m)* rent, hire
amabilidad *(f)* kindness
amable *(adj)* kind
amistosamente in a friendly way
amistoso friendly
amplificar to amplify
amplio large
amueblado furnished
ancianos *(m pl)* old (aged) people
animadamente in a lively way
antecedentes: papel de — *(m)*
   criminal record
anticipo *(m)* advance
anticongelante *(m)* anti-freeze
anuncio *(m)* advertisement
aparato *(m)* device; telephone
   (Chile)
aparcamiento *(m)* parking lot
apellidarse to call oneself (last
   name)
apenas hardly
apiadarse to have mercy
apio *(m)* celery
aplaudido applauded
apoyo *(m)* support
aprender to learn
aprobar to approve, pass (an
   exam)
aprovechar to make the most of,
   make use of
apuntar to point out
arrancar to start (engine)
arreglárselas to manage
arreglo *(m)* repair
asada, *see* carne
asar to roast
asegurar to assure
asegurarse to make sure
aseo *(m)* toilet
asiento *(m)* seat

asignación *(f)* salary, wages
asignatura *(f)* subject (school)
asistenta *(f)* maid
asistir to attend
atañer to concern, have to do with
atascado jammed
atronar to deafen, stun (with a
   noise)
atún *(m)* tuna fish
auge *(m)* popularity; adquirir —
   to prosper, develop
auricular *(m)* receiver (telephone)
ausencia *(f)* absence
autocar *(m)* coach, long distance
   bus
avería *(f)* fault
averiado damaged, broken down
averiguar to find out
avisar to let know
ayuda *(f)* help
ayudante *(m&f)* assistant
azafata *(f)* flight attendant,
   stewardess
azar: al — at random
azucarado sugared, sweetened

B

baloncesto *(m)* basketball
balonvolea *(m)* volleyball
banca *(f)* banking, finance
barrio *(m)* area, neighborhood
batido whipped
batidora *(f)* mixer
beca *(f)* scholarship, grant
becado: estar — to have a
   scholarship or grant
belleza *(f)* beauty
bienes de consumo *(m pl)*
   consumer goods

boda *(f)* wedding
bolígrafo *(m)* ball point pen
bolsillo *(m)* pocket
bolso *(m)* handbag
bollería *(f)* products like buns
  and rolls; bakery
botón *(m)* button
botones *(m)* bell boy

C

caber to fit (in), be room for
caer bien to like, to get along well
caja *(f)* cash-box, cashier
caja de cambios *(f)* gearbox
calcetines *(m pl)* socks
calidad *(f)* quality, capacity,
  condition
calificaciones *(f pl)* qualifications
camarón *(m)* shrimp
campo *(m)* countryside
cansado tired
capaz able, capable
carga *(f)* burden
cargar to charge
carne asada *(f)* roast meat
carnet de conducir *(m)* driver's
  license
carrera *(f)* career
cartera *(f)* briefcase
casa de cambio *(f)* money
  exchange office
casilla *(f)* post office box (*Chile*)
caso: en todo — in any case
castaña *(f)* chestnut
catarro *(m)* cold; tener un — to
  have a cold
cauteloso cautious
cerdo *(m)* pork

certificado registered
cifra *(f)* figure
ciruela *(f)* plum
cita *(f)* date, appointment
cobro: a — revertido reversing
  the charges
cocer to boil, cook
cocido boiled
cocinar to cook
código code
colega *(m&f)* colleague
colgar to hang up
combinar to match
comercio exterior *(m)* foreign
  trade
como mucho at the most
compartir to share
comportarse to behave
compraventa *(f)* purchase and
  sale
comprensivo *(adj)* understanding
comprimido *(m)* pill, tablet
comprobar to check
compromiso *(m)* commitment
computadora *(f)* computer
comuna *(f)* commune (*Latin
  America*, smallest territorial
  division)
comunicando: está — it is busy
  (telephone)
concertar una cita to make an
  appointment
conciencia: crear — to make
  people aware
concretamente exactly
conducir to drive
conductor *(m)* driver
confitura *(f)* jam
congelado frozen
conocido *(m)* acquaintance

conocimiento *(m)* knowledge
conseguir to get
consejo *(m)* advice
conserje *(m)* concierge; porter, caretaker
conspicuo prominent
consultorio *(m)* doctor's office
consumidor *(m)* consumer
contar to tell; — con to have
continuación: a — next
contrario: por el — on the contrary
contrato *(m)* contract; — de compraventa contract of purchase and sale
convertirse to become
convivir to live together
copa *(f)* drink
coquetear to flirt
corbata *(f)* tie
coro *(m)* choir
correa *(f)* belt
corregir to correct
correr el riesgo to run the risk
corresponsal *(m&f)* correspondent
cota *(f)* mark
crema batida *(f)* whipped cream
cremallera *(f)* zipper
crustáceo *(m)* shellfish, crustacean
cuadra *(f)* block (*Latin America*)
cuadros: de — plaid or checkered material
cualidad *(f)* quality
cuanto: en — a as regards, regarding
cuarto *(m)* room
cubrimiento *(m)* covering
cubrir to cover
cucharada *(f)* spoonful

cuenta *(f)* account; — corriente checking account
cuerpo *(m)* body
cuidado *(m)* care
culto religioso *(m)* religious cult
cumpleaños *(m)* birthday
cumplir to observe, abide (law or regulations), to fulfill; — (20) años to become (20) years old
curso *(m)* course, class

CH

champiñón *(m)* mushroom
charla *(f)* talk
charlar to talk, chat
chuleta de cerdo *(f)* pork chop
chuleta de ternera *(f)* veal chop

D

dactilógrafo *(m)* typist
dama *(f)* lady
damasco *(m)* apricot (*Latin America*)
dañino harmful
dato *(m)* information
debido a due to
dedicarse a to do, spend the time doing something; ¿a qué te dedicas? what do you do for a living?
deducir to deduct
deletrear to spell
demás other, others
denuncia *(f)* complaint
dependiente *(m)* shop assistant
deportivo *(adj)* sport
depósito a plazo fijo *(m)* fixed term deposit

depósito de cadáveres *(m)*
  morgue
derecho *(m)* law
derechos *(m pl)* rights
desaprobación *(f)* disapproval
desarrollar to develop
descansar to rest
descanso *(m)* rest
desconfiar to distrust
desconocido *(m)* stranger
descremada: leche — *(f)*
  skimmed milk
descuento *(m)* discount
desde luego certainly
desempeñar to carry out
desempeñarse to hold (a job)
desempleo *(m)* unemployment
desgraciadamente unfortunately
desnatado skimmed, low fat
desocupación *(f)* unemployment
desperfecto *(m)* flaw
desprenderse to follow, be
  implied, deduce
desprotegido unprotected
destinatario *(m)* addressee
desvalido needy, destitute
detalle *(m)* detail
detener to stop
devolver to return
diagnóstico *(m)* diagnosis
dialogar to talk
diapositiva *(f)* slide
diente de ajo *(m)* clove of garlic
dirección *(f)* address
dirigir to direct, be in charge of
disculparse to apologize
disponer de to have
disponible available
dispuesto willing to
distribuidora *(f)* supplier

divertido funny
divulgar to spread, circulate
doblar to turn
doble double
doler to hurt, have a pain
dolor *(m)* pain
doloroso painful
dominical *(adj)* Sunday
dominio *(m)* mastery
dudar to doubt
durazno *(m)* peach (*Latin America*)
duro hard

E

echar to get rid of
echar una carta to mail a letter
edificio *(m)* building
efectivo *(m)* cash
elegir to choose
embarazoso embarrassing
embrague *(m)* clutch
empresa *(f)* company, firm
encantado delighted
encargado *(m)* person in charge
encargarse to look after
encuentro *(m)* meeting
encuesta *(f)* survey
encuestado *(m)* person who takes
  part in a survey
enfermedad *(f)* illness, sickness
enfermera *(f)* nurse
enfermo *(m)* sick person
engañado cheated
engordar to gain weight
engrase *(m)* greasing, lubrication
ensayar to rehearse
enseñanza *(f)* education;
  — media secondary (high
  school) education

entenderse bien   to get along well

enterarse   to find out

entorpecer   to interrupt

entrada *(f)*   entrance; ticket

entremés *(m)*   hors d'oeuvre

entretenido   interesting, amusing

envolver   to wrap up

equipaje *(m)*   luggage

equipo *(m)*   team

equivocarse   to be mistaken; — de
   número   to dial the wrong
   number

escaparate *(m)*   store window

esfuerzo *(m)*   effort

espantoso   awful

espárrago *(m)*   asparagus

especializarse   to specialize

espejo *(m)*   mirror

estampado *(m)*   print;
   (adj)   printed (for material)

estampilla *(f)*   stamp (*Latin
   America*)

estancia *(f)*   stay

estomacal *(adj)*   stomach

estropearse   to break down

estudios secundarios *(m pl)*
   secondary education

evitar   to prevent

éxito *(m)*   success

extranjero *(m)*   foreigner

extrañar   to miss

extraño *(m)*   stranger;
   (adj)   strange

F

fábrica *(f)*   factory

facilidad: con —   with ease

falda *(f)*   skirt

falta *(f)*   lack

faltar   to lack, be missing

familiarizado: estar — con   to be
   familiar with

fideo *(m)*   noodle

fiebre *(f)*   fever

fijar   to fix

filete *(m)*   sirloin, fillet

fingir   to pretend

firmar   to sign

firmeza *(f)*   firmness, steadfastness

flan *(m)*   caramel custard

folleto *(m)*   brochure

fondo *(m)*   bottom

forma: estar en —   to be in good
   shape

formulario *(m)*   form; **rellenar
   un —**   to fill out a form

fracaso *(m)*   failure

frasco *(m)*   jar

fraude *(m)*   fraud

freír   to fry

frenos *(m pl)*   brakes

fresa *(f)*   strawberry

fresco   fresh

frito   fried

fruto seco *(m)*   dried fruit

fumador *(m)*   smoker

G

galleta *(f)*   cookie

ganar   to earn

ganas: tener — de   to feel like

garganta *(f)*   throat

gaseosa *(f)*   fizzy drink

gasto *(m)*   expense

gazpacho andaluz *(m)*   cold
   Andalusian vegetable soup

gerente *(m)*   manager

gesto *(m)*   gesture

girar   to turn
golpe *(m)*   fall, blow
gozar   to enjoy
grabar   to record
graso   fatty
guerra *(f)*   war
guisar   to cook

H
hábil   able
hacer memoria   to remember
hacerse pasar   to pretend to be
harina *(f)*   flour
hecho *(m)*   fact
hecho: muy —   well done; poco —
   rare (for foods)
herencia *(f)*   inheritance
hervir   to boil
higo *(m)*   fig
hilo telefónico *(m)*   telephone line
historial de trabajo *(m)*
   curriculum vitae
hogar *(m)*   home
hora: dar —   to make an
   appointment
horario *(m)*   timetable, schedule
horno *(m)*   oven
hortaliza *(f)*   vegetable
hospedarse   to stay, spend the
   night
hostelería *(f)*   hotel and catering
   trade

I
imprescindible   essential,
   necessary

impreso *(m)*   form
impuesto *(m)*   tax
incesante   incessant, unceasing
incluso   even
incómodo   uncomfortable
inconveniente *(m)*   objection
infarto *(m)*   infarct; — de
   miocardio   heart attack
informática *(f)*   computer science
informe *(m)*   report
ingresar   to join
ingreso *(m)*   entrance, admission
inquietante   disturbing, alarming
inseguro   insecure
insólito   unusual
intentar   to try
intercambiar   to exchange
intermedio   intermediate
intimidad *(f)*   intimacy
i.v.a. (impuesto al valor añadido)
   (m)   v.a.t. (value added tax)

J
jefe *(m)*   boss
jersey *(m)*   sweater
jornada de trabajo *(f)*   working
   hours
jugador *(m)*   player
juicio *(m)*   trial
juntarse   to get together
juntos   together
justo *(adj)*   just
juventud *(f)*   youth

L
laboral *(adj)*   work

lácteos: productos — *(m pl)* dairy
products
ladrillo *(m)* brick
lago *(m)* lake
lamentablemente regrettably
lamentar to be worry; lo
lamento I'm sorry
lana *(f)* wool
lata *(f)* can; *figuratively*, bore
lavado al seco *(m)* dry cleaning
leche entera *(f)* whole milk
lechuga *(f)* lettuce
legumbre *(f)* legume
lengua *(f)* tongue; language
lente *(f)* lens
letra de cambio *(f)* bill of
exchange, bank draft
levantar to lift; — acta to draw
the minutes
licenciatura *(f)* degree
ligado linked
ligero light
limpieza *(f)* cleaning
liso plain
listado *(m)* list
localizar to find, locate
lograr to achieve
luchar to fight
lujo *(m)* luxury
luminoso bright, full of light
luna *(f)* moon

LL

llamada *(f)* call
llave *(f)* key
llegar a ser to become
llevarse bien to get along well

M

maduro ripe
magnetofón *(m)* tape recorder
magro lean (meat)
mancharse to get dirty
mandar to send
manejar to drive (*Latin America*)
maneras: de todas — in any case
mantequilla *(f)* butter
máquina de escribir *(f)*
typewriter
marca *(f)* brand, make
marcar to dial
marisco *(m)* shellfish, seafood
matricularse to register (in a
course)
mecanografiar to type
mecanógrafo *(m)* typist
medir to measure
medirse to be moderate
mejorar to improve
memoria *(f)* memory; hacer —
to remember
mercadeo *(m)* marketing
merecer to deserve; ¿qué opinión
te merece? what do you think?
merienda *(f)* afternoon snack, tea
mesurado composed, not so loud
(voice)
miel *(f)* honey
moda *(f)* fashion
molusco *(m)* mollusk
moneda *(f)* coin, currency; —
extranjera foreign currency
mordaz biting, unpleasant
mostrador *(m)* counter
movilización: con — propia with
own car or vehicle
mudo mute; permanecer — to
remain silent

muestra *(f)* sample
multa *(f)* fine

N

nacer to be born
nadador *(m)* swimmer
naturalidad: hablar con — to speak in a natural voice
negocio *(m)* business
netamente clearly
neumático *(m)* tire (of a car)
nevera *(f)* refrigerator
nivel *(m)* level
normativa *(f)* regulations, law
nota *(f)* grade, mark
novia *(f)* girlfriend, bride

O

obrero *(m)* worker
obturador *(m)* shutter (of a camera)
oferta *(f)* offer; **en —** on special sale
olvidar to forget
oportuno appropriate
orgullo *(m)* pride
ostión *(m)* large oyster

P

padecer to suffer
pago *(m)* payment
paisaje *(m)* view, landscape
pana *(f)* corduroy
pañuelo *(m)* handkerchief
papa *(f)* potato (*Latin America*); **papas cocidas** *(f pl)* boiled potatoes

papel de antecedentes *(m)* criminal record (*Chile*)
parada de autobús *(f)* bus stop
paro *(m)* unemployment
partido *(m)* game
partir: a — de starting from; based on
pasajero *(m)* passenger
pasar el rato to kill time
paseo *(m)* walk, excursion, outing
pasillo *(m)* corridor
paso a paso step by step
pastel *(m)* cake; **— de queso** cheese cake
pauta *(f)* guideline
pedido *(m)* order
pegar tirones to pull
pelea *(f)* fight, row, quarrel
película *(f)* film
peligro *(m)* danger
pensión *(f)* board; **media —** half board
peor: en el — de los casos at worst
pepino *(m)* cucumber
perder el tiempo to waste time
perder la voz to lose one's voice
perfeccionamiento *(m)* further training
perfumería *(f)* perfumery
periodista *(m&f)* journalist
perjudicial harmful
permanecer to remain
pertinente relevant
pesar to weigh
pescado frito *(m)* fried fish
peso *(m)* weight
pieza de recambio *(f)* part, spare
pileta *(f)* swimming pool (*Argentina*)

pimienta *(f)*   black pepper
pimiento verde *(m)*   green pepper
piña *(f)*   pineapple
piso *(m)*   apartment; floor
pituto: tener pitutos   to have
   friends in the right places (*Chile*)
plancha: a la —   grilled
planchar   to iron
planta *(f)*   floor
plantear preguntas   to pose
   questions
pleito *(m)*   lawsuit
pluma estilográfica *(f)*   fountain
   pen
población *(f)*   population
poner   to put; put through
   (telephone); show (a film)
poner a punto   to get into shape
postre *(m)*   dessert
precolombino   pre-Columbian
prefijo *(m)*   area code (telephone)
premio *(m)*   prize
prenda *(f)*   article of clothing
prensa *(f)*   press
preocuparse   to worry
prescribir   to prescribe
presencia: tener buena —   to look
   good
presentar   to introduce
presión *(f)*   pressure
presupuesto *(m)*   budget
pretensión de sueldo *(f)*   salary
   expectations
prevenir   to prevent
principiante *(m&f)*   beginner
principio: en un —   at the
   beginning
probar   to try
procedencia *(f)*   origin
propietario *(m)*   owner

proporcionar   to give
propósito: a —   by the way
proveedor *(m)*   supplier
prueba *(f)*   test, exam
puesto *(m)*   post, position
punto   *see* poner a punto
puntualizar   to end

Q
quebrarse   to break
quedar   to be left; to meet, agree to
   meet
quedarse   to stay, remain; —
   sordo   to go deaf
quejarse   to complain
queso fundido *(m)*   melted cheese

R
ramo *(m)*   line, area
rara vez   rarely
rato *(m)*   while
rayas: a —   striped
razón *(f)*   reason
recado *(m)*   message
recalentarse   to overheat
recambio   *see* pieza de recambio
recargo *(m)*   surcharge
receta *(f)*   prescription
recetar   to prescribe
reclamación *(f)*   complaint
recoger   to collect
reconocer   to recognize
reconocimiento médico *(m)*
   medical examination
recordar   to remember
recorrer   to go through or around
recorrido *(m)*   round
recuerdos *(m pl)*   regards

recurrir *to turn, appeal*
regalo *(m)* present
régimen *(m)* diet
rehuir to avoid, shy away from
reloj *(m)* watch
relojería *(f)* watch maker's
relojero *(m)* watch maker
rellenar to fill in
renovable renewable
reportaje *(m)* report, article
reposo *(m)* rest
repuesto *(m)* spare part
requerir to require
requisito *(m)* requirement
reservado reserved
resfriado *(m)* cold; **estar —** to
   have a cold
resolver to solve
responder to answer, respond
restringir to restrict
resumen *(m)* summary
retirarse to go away
retrasarse to lose time
retraso *(m)* delay
revelado *(m)* development,
   processing (film)
revelar to develop (film)
revisar to check
rodaja *(f)* slice
rollo *(m)* film
roto broken
rubro *(m)* trade, area
ruido *(m)* noise
ruidoso noisy
rutinario *(adj)* routine

S

sacar to get, buy (tickets)
salarial *(adj)* salary

salchicha *(f)* sausage
salsa *(f)* sauce
salud *(f)* health
saludar to greet
sanidad *(f)* health
satisfecho satisfied
seda *(f)* silk
sello *(m)* stamp
semáforo *(m)* traffic light
sencillo simple
sentido del humor *(m)* sense of
   humor
sentimiento *(m)* feeling
señalar to indicate
sesión *(f)* show (film)
si acaso if
sierra *(f)* mountains
síntoma *(m)* symptom
sitio *(m)* place
soledad *(f)* solitude
solicitar to request, ask for; **— un
   trabajo o puesto** to apply for a
   job
soltura *(f)* ease
soñar to dream
soportar to stand, bear
sordo deaf
sorprendente surprising
sucursal *(f)* branch
sueldo *(m)* salary
sueño *(m)* dream
suerte *(f)* luck
sugerir to suggest
sumar to add
superación *(f)* excelling; **deseos
   de —** to be ambitious, to want
   to excel
superarse to do better
suspender to fail (an exam)

T

talla *(f)*   size (clothes)
tanto: en — que   whereas
tapón *(m)*   top
taquigrafiar   to write in shorthand
taquimecanógrafa *(f)*   shorthand
   typist
tardar   to take time
tarjeta postal *(f)*   postcard
techo *(m)*   roof; ceiling
tejado *(m)*   roof
tela *(f)*   cloth
temor *(m)*   fear
temporada *(f)*   period of time
temprano   early
tercio   third
ternera *(f)*   veal
tiempo completo   full time
tintorería *(f)*   dry cleaner's
tirones   *see* pegar tirones
título *(m)*   degree
tocadiscos *(m)*   record player
todo derecho   straight ahead
todo recto   straight ahead
tono de marcar   dial tone
traducción *(f)*   translation
traductor *(m)*   translator
tramitar   to take the necessary step
   to obtain (*e.g.*, an inheritance)
trampas: hacer —   to cheat
transeúnte *(m&f)*   passerby
tratar de   to deal with; to be about
truncarse   to cut short

U

ubicarse   to be situated
usuario *(m)*   user

V

vacuno *(m)*   beef
vapor: al —   steamed
vecino *(m)*   neighbor
vendedor *(m)*   salesman
ventanilla *(f)*   window
verdadero   true
vestir: de — *(adj)*   dressy
viajero *(m)*   traveler
vigente   in force, prevailing
vigilar   to supervise, check
vinagre *(m)*   vinegar
vincular   to hire, contract
   (*Colombia, non-standard*)
violinista *(m&f)*   violinist
viuda *(f)*   widow
vivienda *(f)*   house, housing
volverse   to become
vuelo *(m)*   flight
vuelta *(f)*   change (money)
vuelto *(m)*   change (money) (*Latin
   America*)

Z

zanahoria *(f)*   carrot